# NOVA CLASSE MÉDIA?

COLEÇÃO
# Mundo do Trabalho
Coordenação **Ricardo Antunes**

ALÉM DA FÁBRICA
**Marco Aurélio Santana e José Ricardo Ramalho** (orgs.)

A CÂMARA ESCURA
**Jesus Ranieri**

ATUALIDADE HISTÓRICA DA OFENSIVA SOCIALISTA
**István Mészáros**

O CARACOL E SUA CONCHA
**Ricardo Antunes**

O CONCEITO DE DIALÉTICA EM LUKÁCS
**István Mészáros**

O CONTINENTE DO LABOR
**Ricardo Antunes**

A CRISE ESTRUTURAL DO CAPITAL
**István Mészáros**

CRÍTICA À RAZÃO INFORMAL
**Manoel Luiz Malaguti**

DA GRANDE NOITE À ALTERNATIVA
**Alain Bihr**

DA MISÉRIA IDEOLÓGICA À CRISE DO CAPITAL
**Maria Orlanda Pinassi**

A DÉCADA NEOLIBERAL E A CRISE DOS SINDICATOS NO BRASIL
**Adalberto Moreira Cardoso**

A DESMEDIDA DO CAPITAL
**Danièle Linhart**

O DESAFIO E O FARDO DO TEMPO HISTÓRICO
**István Mészáros**

DO CORPORATIVISMO AO NEOLIBERALISMO
**Angela Araújo** (org.)

A EDUCAÇÃO PARA ALÉM DO CAPITAL
**István Mészáros**

O EMPREGO NA GLOBALIZAÇÃO
**Marcio Pochmann**

O EMPREGO NO DESENVOLVIMENTO DA NAÇÃO
**Marcio Pochmann**

ESTRUTURA SOCIAL E FORMAS DE CONSCIÊNCIA I E II
**István Mészáros**

FILOSOFIA, IDEOLOGIA E CIÊNCIA SOCIAL
**István Mészáros**

FORÇAS DO TRABALHO
**Beverly J. Silver**

FORDISMO E TOYOTISMO
**Thomas Gounet**

HOMENS PARTIDOS
**Marco Aurélio Santana**

INFOPROLETÁRIOS
**Ricardo Antunes e Ruy Braga** (orgs.)

LINHAS DE MONTAGEM
**Antonio Luigi Negro**

A MÁQUINA AUTOMOTIVA EM SUAS PARTES
**Geraldo Augusto Pinto**

MAIS TRABALHO!
**Sadi Dal Rosso**

O MISTER DE FAZER DINHEIRO
**Nise Jinkings**

NEOLIBERALISMO, TRABALHO E SINDICATOS
**Huw Beynon, José Ricardo Ramalho, John McIlroy e Ricardo Antunes** (orgs.)

NOVA CLASSE MÉDIA?
**Marcio Pochmann**

NOVA DIVISÃO SEXUAL DO TRABALHO?
**Helena Hirata**

O NOVO (E PRECÁRIO) MUNDO DO TRABALHO
**Giovanni Alves**

A OBRA DE SARTRE
**István Mészáros**

PARA ALÉM DO CAPITAL
**István Mészáros**

A PERDA DA RAZÃO SOCIAL DO TRABALHO
**Maria da Graça Druck e Tânia Franco** (orgs.)

POBREZA E EXPLORAÇÃO DO TRABALHO NA AMÉRICA LATINA
**Pierre Salama**

O PODER DA IDEOLOGIA
**István Mészáros**

A POLÍTICA DO PRECARIADO
**Ruy Braga**

RETORNO À CONDIÇÃO OPERÁRIA
**Stéphane Beaud e Michel Pialoux**

RIQUEZA E MISÉRIA DO TRABALHO NO BRASIL I E II
**Ricardo Antunes** (org.)

O ROUBO DA FALA
**Adalberto Paranhos**

O SÉCULO XXI
**István Mészáros**

OS SENTIDOS DO TRABALHO
**Ricardo Antunes**

SHOPPING CENTER
**Valquíria Padilha**

A SITUAÇÃO DA CLASSE TRABALHADORA NA INGLATERRA
**Friedrich Engels**

A TEORIA DA ALIENAÇÃO EM MARX
**István Mészáros**

TERCEIRIZAÇÃO: (DES)FORDIZANDO A FÁBRICA
**Maria da Graça Druck**

TRABALHO E DIALÉTICA
**Jesus Ranieri**

TRABALHO E SUBJETIVIDADE
**Giovanni Alves**

TRANSNACIONALIZAÇÃO DO CAPITAL E FRAGMENTAÇÃO DOS TRABALHADORES
**João Bernardo**

# SUMÁRIO

Apresentação ............................................................................. 7

1. A base da pirâmide social renovada ..................................... 13
   1.1. Singularidade da transformação social ......................... 14
   1.2. Razões da renovação na base da pirâmide social........... 16
2. O trabalho na base da pirâmide social no Brasil ................. 23
   2.1. Padrões de trabalho ...................................................... 26
   2.2. Evolução da ocupação na base da pirâmide social ........ 31
   2.3. Relações de trabalho..................................................... 39
3. O trabalho para famílias ....................................................... 47
   3.1. Natureza do trabalho nas unidades familiares brasileiras .............. 49
   3.2. Dimensão do trabalho de prestação de serviços para famílias ........ 54
   3.3. Evolução e principais características do trabalho doméstico ......... 61
4. O trabalho nas atividades primárias e autônomas ............... 69
   4.1. Movimento geral da ocupação no setor primário ........ 69
   4.2. Características do trabalho autônomo .......................... 78
5. Trabalho temporário ............................................................ 85
   5.1. Dinâmica geral da ocupação formal nos micro e pequenos negócios ............................................................ 86
   5.2. Características do emprego temporário ........................ 97

6. O trabalho terceirizado .................................................................. 109
   6.1. Perfil do trabalhador terceirizado................................................ 110
   6.2. Relações de trabalho na terceirização ......................................... 118

Referências bibliográficas....................................................................... 125

Marcio Pochmann

# NOVA CLASSE MÉDIA?

## o trabalho na base da pirâmide social brasileira

Copyright © Boitempo Editorial, 2012
Copyright © Marcio Pochmann, 2012

| | |
|---:|:---|
| *Coordenação editorial* | Ivana Jinkings |
| *Editora-adjunta* | Bibiana Leme |
| *Assistência editorial* | Livia Campos |
| *Preparação* | Thaisa Burani |
| *Revisão* | Jean Xavier |
| *Diagramação* | Bianca Mimiza |
| *Capa* | Federico Bronenberg com base na foto "Operário", de Zenco Heshiki. |
| *Produção* | Livia Campos |

CIP-BRASIL. CATALOGAÇÃO-NA-FONTE
SINDICATO NACIONAL DOS EDITORES DE LIVROS, RJ

P793n

Pochmann, Marcio, 1962-
    Nova classe média? : o trabalho na base da pirâmide social brasileira / Marcio Pochmann. - São Paulo : Boitempo, 2012. - (Mundo do Trabalho)

    Inclui bibliografia
    ISBN 978-85-7559-245-8

    1. Classe média - Brasil. 2. Estrutura social - Brasil. 3. Brasil - Condições sociais. 4. Brasil - Condições econômicas. 5. Desenvolvimento econômico - Brasil. I. Título.

12-2337.                                            CDD: 305.550981
                                                    CDU: 316.342.2

13.04.12  18.04.12                                           034685

É vedada, nos termos da lei, a reprodução de qualquer parte deste livro sem a expressa autorização da editora.

Este livro atende às normas do Acordo Ortográfico da Língua Portuguesa em vigor desde janeiro de 2009.

1ª edição: abril de 2012; 1ª reimpressão: junho de 2012
2ª reimpressão: fevereiro de 2013; 3ª reimpressão: fevereiro de 2014

**BOITEMPO EDITORIAL**
Jinkings Editores Associados Ltda.
Rua Pereira Leite, 373
05442-000 São Paulo SP
Tel./fax: (11) 3875-7250 / 3872-6869
editor@boitempoeditorial.com.br | www.boitempoeditorial.com.br
www.blogdaboitempo.com.br | www.facebook.com/boitempo
www.twitter.com/editoraboitempo | www.youtube.com/imprensaboitempo

dade existente na base da pirâmide social brasileira durante este início do século XXI. Isso porque se parte da hipótese central a respeito da inconsistência das atuais definições e identificações sobre a existência de uma nova classe média no país.

Em síntese: entende-se que não se trata da emergência de uma nova classe – muito menos de uma classe média. O que há, de fato, é uma orientação alienante sem fim, orquestrada para o sequestro do debate sobre a natureza e a dinâmica das mudanças econômicas e sociais, incapaz de permitir a politização classista do fenômeno de transformação da estrutura social e sua comparação com outros períodos dinâmicos do Brasil. O mesmo parece se repetir em outras dimensões geográficas do globo terrestre, sobretudo na periferia do capitalismo, conforme o interesse de instituições multilaterais (como o Banco Mundial, entre outras) em difundir os êxitos da globalização neoliberal. Sobre isso, aliás, começa a surgir mais recentemente uma leitura crítica à superficialidade exposta no tratamento do tema de classe média[1].

Na melhor tradição teórica progressista, pode-se encontrar no Brasil dois excelentes estudos interpretativos dos fenômenos relacionados às grandes transformações da sociedade e à politização gerada pelos movimentos de ascensão social especialmente durante a década de 1970. Nessa época, o país conviveu com forte ritmo de expansão econômica, influenciado fundamentalmente pelo dinamismo do setor industrial, que foi o responsável também pela geração de grande parte das ocupações trabalhistas, sobretudo as de maior remuneração. Concomitantemente, assistiu-se também à mobilidade de vários segmentos sociais, inclusive da maior parcela que provinha do meio rural como subproduto da modernização selvagem do campo.

Pelo esplêndido livro de João M. C. de Mello e Fernando Novais, *Capitalismo tardio e sociabilidade moderna*[2], pode-se compreender o impacto geral do movimento de alteração das estruturas produtivas sobre o conjunto da

---

[1] A. Barcena e N. Serra, *Classes medias y desarrollo en América Latina* (Santiago, Cepas, 2010); OCDE, *Perspectives économiques de l'Amérique Latine: une région de classes moyennes?* (Paris, OCDE, 2011).

[2] J. M. C. de Mello e F. Novais, *Capitalismo tardio e sociabilidade moderna* (São Paulo, Unesp/Facamp, 2009).

# APRESENTAÇÃO

A metamorfose pela qual passa a atual estrutura social brasileira prescinde de interpretações mais profundas e abrangentes, que possam ir além da abordagem rudimentar e tendenciosa a respeito da existência de uma nova classe média. Pode-se até estranhar a inclinação de certas visões teóricas recentes, que buscam estabelecer para determinado estrato da sociedade – agrupado quase exclusivamente pelo nível de rendimento e consumo – o foco das atenções sobre o movimento geral da estrutura social do país.

Causa constrangimento maior, contudo, o viés político difundido pelos monopólios sociais constituídos pelos meios de comunicação e seus "oráculos" midiáticos que terminantemente manipulam o consciente da população em prol de seus próprios desejos mercantis, defendendo consumismo e negando a estrutura de classe na qual o capitalismo molda a sociedade. Também se agrega nesse mesmo contexto a opção política rasteira que certos intelectuais engajados à lógica mercantil se associam com uma retórica de classe de rendimento desprovida de qualquer sentido estrutural, o que nada mais é do que a tradução do caráter meramente propagandista dos imperativos do mercado. Ou, ainda, a partir de rudimentar tratamento estatístico de dados da realidade, definidos por mera percepção subjetiva, o estabelecimento de orientações de políticas públicas, quando não de opção partidária.

Uma análise mais detalhada sobre o recente movimento geral na estrutura social brasileira ainda está por ser realizada, e é nessa perspectiva que o presente livro foi desenvolvido, buscando lançar luzes sobretudo na mobili-

sociedade brasileira. Também é possível constatar que a força do modo de produção capitalista, intercalada com o autoritarismo, levou à conformação de singulares anomalias de exclusão social no país.

Nesse mesmo contexto, o instigante livro de Eder Sader, *Quando novos personagens entram em cena*[3], complementa a interpretação sobre a singularidade do auge da economia industrial combinada com mobilidade social por meio de uma preciosa análise a respeito da formação de um novo sujeito social coletivo, responsável pelo protagonismo da luta pela redemocratização e da nova forma de fazer política no Brasil. A partir do entendimento sobre o difícil cotidiano das classes populares na década de 1970 numa grande metrópole como São Paulo, a obra apresenta as condições de organização social e renovação do sentido da política. Problemas específicos encontrados nos locais de trabalho ou de moradia eram transformados em plataforma do movimento social reivindicativo, capaz de motivar conflitos e lutas de empoderamento de novos agentes sociais.

Na virada para o século XXI, o Brasil conviveu com significativas transformações. Durante os quinze anos que se seguiram ao estabelecimento do Plano Real, em 1994, responsável pelas bases da estabilização monetária, podem ser identificadas, por exemplo, duas tendências diametralmente opostas em relação ao comportamento das rendas do trabalho e da propriedade no Brasil, segundo informações oficiais disponibilizadas pelo IBGE. Assim, por nove anos seguidos houve a trajetória de queda na participação salarial na renda nacional, acompanhada simultaneamente pela expansão das rendas da propriedade, ou seja, lucros, juros, renda da terra e aluguéis. Entre 1995 e 2004, por exemplo, a renda do trabalho perdeu 9% de seu peso relativo na renda nacional, ao passo que a renda da propriedade cresceu 12,3%.

Uma segunda trajetória ocorreu a partir de 2004. Até 2010, por exemplo, acumularam-se seis anos seguidos de crescimento da participação dos salários na renda nacional, ao passo que o peso relativo da propriedade tem decaído sucessivamente. Entre 2004 e 2010, o peso dos salários subiu 10,3% e o da renda da propriedade decresceu 12,8%. Com isso, a repartição da renda na-

---

[3] E. Sader, *Quando novos personagens entram em cena* (2. ed., São Paulo, Paz e Terra, 1988).

cional entre rendas do trabalho e da propriedade de 2010 voltou a ser praticamente igual àquele observado em 1995, início da estabilização monetária.

Essa importante alteração na relação entre rendas do trabalho e da propriedade durante a primeira década de 2000 encontra-se diretamente influenciada pelo impacto na estrutura produtiva provocado pelo retorno do crescimento econômico, após quase duas décadas de regressão neoliberal. O fortalecimento do mercado de trabalho resultou fundamentalmente na expansão do setor de serviços, o que significou a difusão de nove em cada grupo de dez novas ocupações com remuneração de até 1,5 salário mínimo mensal. Juntamente com as políticas de apoio às rendas na base da pirâmide social brasileira, como elevação do valor real do salário mínimo e massificação da transferência de renda, houve o fortalecimento das classes populares assentadas no trabalho.

De maneira geral, esse movimento de expansão dos empregos de baixa remuneração se mostrou compatível com a absorção do enorme excedente de força de trabalho gerado anteriormente pelo neoliberalismo. Dada a intensidade desse movimento, a condição de país com oferta ilimitada de mão de obra passa a ser questionada, pois começam a aparecer sinais de escassez relativa de força de trabalho qualificada, o que somente chegou a ser conhecido na primeira metade da década de 1970 pelos trabalhadores brasileiros.

Mesmo com o contido nível educacional e a limitada experiência profissional, as novas ocupações de serviços, absorvedoras de enormes massas humanas resgatadas da condição de pobreza, permitem inegável ascensão social, embora ainda distante de qualquer configuração que não a da classe trabalhadora. Seja pelo nível de rendimento, seja pelo tipo de ocupação, seja pelo perfil e atributos pessoais, o grosso da população emergente não se encaixa em critérios sérios e objetivos que possam ser claramente identificados como classe média. Associam-se, sim, às características gerais das classes populares, que, por elevar o rendimento, ampliam imediatamente o padrão de consumo. Não há, nesse sentido, qualquer novidade, pois se trata de um fenômeno comum, uma vez que trabalhador não poupa, e sim gasta tudo o que ganha.

Em grande medida, o segmento das classes populares em emergência apresenta-se despolitizado, individualista e aparentemente racional à medida que busca estabelecer a sociabilidade capitalista. A ausência percebida de movimentos sociais em geral, identificados por instituições tradicionais como associações de moradores ou de bairro, partidos políticos, entidades estudantis e sindicais, reforça o caráter predominantemente mercadológico que tanto os intelectuais engajados como a mídia comprometida com o pensamento neoliberal fazem crer. Desejam, assim, além de gerar mais conformismo sobre a natureza e a dinâmica das mudanças econômicas e sociais do país, domesticar e alienar as possibilidades de, pela política, aprofundar as transformações das estruturas do capitalismo brasileiro neste início do século XXI.

O adicional de ocupados na base da pirâmide social reforçou o contingente da classe trabalhadora, equivocadamente identificada como uma nova classe média. Talvez não seja bem um mero equívoco conceitual, mas expressão da disputa que se instala em torno da concepção e condução das políticas públicas atuais. A interpretação de classe média (nova) resulta, em consequência, no apelo à reorientação das políticas públicas para a perspectiva fundamentalmente mercantil. Ou seja, o fortalecimento dos planos privados de saúde, educação, assistência e previdência, entre outros. Nesse sentido, não se apresentaria isolada a simultânea ação propagandista desvalorizadora dos serviços públicos (Sistema Único de Saúde, a educação e a previdência social).

Percebe-se sinteticamente que a despolitizadora emergência de segmentos novos na base da pirâmide social resulta do despreparo de instituições democráticas atualmente existentes para envolver e canalizar ações de interesses para a classe trabalhadora ampliada. Isto é, o escasso papel estratégico e renovado do sindicalismo, das associações estudantis e de bairros, das comunidades de base, dos partidos políticos, entre outros.

Diferentemente dessa perspectiva, este livro preocupa-se em analisar o avanço das ocupações na base da pirâmide social brasileira e, para tanto, considera algumas das principais dimensões do trabalho que dizem respeito às ocupações de salário de base. A partir de uma visão ampla inicial, o livro assenta-se na experiência recente de cinco ocupações centrais a absorver o trabalho na base da pirâmide social do país.

Boa leitura!

*Campinas, setembro de 2011*

# 1. A BASE DA PIRÂMIDE SOCIAL RENOVADA

O Brasil convive atualmente com uma experiência singular em termos de transformação de sua estrutura social, conforme se procura destacar aqui de forma breve. Ainda que seja necessário acompanhar a sequência da evolução para o segundo decênio do século XXI, percebe-se que o sentido da redução das desigualdades no interior da distribuição pessoal da renda do trabalho tem se mostrado compatível com a elevação da renda *per capita* dos brasileiros.

Da mesma forma, registra-se que a recuperação recente da participação do rendimento do trabalho na renda nacional está em sintonia com a elevação dos componentes de melhora da situação geral dos trabalhadores, o que significa ampliação da taxa de ocupação em relação à força de trabalho (queda da taxa de desemprego) e da formalização dos empregos e queda da pobreza absoluta.

No que diz respeito à recuperação recente da participação do rendimento do trabalho na renda nacional, percebe-se que ela é compatível com a elevação dos componentes de melhora da situação geral dos trabalhadores. Essa realidade expressa certa inflexão na política pública de primeiro distribuir melhor a renda para então sustentar o ciclo expansionista da queda de pobreza. Por conta disso, esta parte inicial busca chamar a atenção para tal singularidade transformista, bem como para suas razões explicativas, e é isso que se procura explicitar nas páginas a seguir.

## 1.1. Singularidade da transformação social

O sentido geral das transformações sociais recentes no Brasil revela-se bem distinto do verificado nas últimas cinco décadas, conforme estatísticas oficiais existentes permitem observar, para a condição do trabalho e para as evoluções do grau de desigualdade da renda do trabalho (índice de Gini) e da participação do rendimento do trabalho na renda nacional. Apenas entre os anos 1960 e 2010, o Brasil conviveu com três dimensões diferenciadas de transformações sociais.

A primeira, observada entre os anos 1960 e 1980, apresentou como característica geral o ritmo de expansão da renda *per capita* extremamente forte, com crescimento médio anual de 4,6% ao ano. Para esse mesmo período, a situação geral do trabalho, compreendida pela ampliação da taxa de ocupação da mão de obra, formalização do emprego e redução da pobreza, elevou-se em 4,2% ao ano, em média. Mesmo com essa melhora, a participação do rendimento do trabalho na renda nacional caiu 11,7%, enquanto o grau de desigualdade na distribuição pessoal da renda do trabalho aumentou quase 21,9% entre 1960 e 1980. Em função disso, a renda por habitante cresceu acompanhada da melhora da ocupação, porém houve piora na desigualdade da distribuição pessoal e funcional da renda. (Ver Figura 1.1.)

Em síntese, percebe-se que o rápido dinamismo econômico, permeado pelo predomínio do regime autoritário, constrangeu qualquer possibilidade de transformação social que não fosse o favorecimento dos segmentos privilegiados da nação, uma vez que as classes populares participaram somente de forma parcial e minoritária dos avanços na base material da economia nacional.

A partir de 1981, contudo, assistiu-se ao desenrolar de uma segunda dimensão nas mudanças sociais no Brasil. A transição do regime autoritário (1964-1985) para a democracia foi um marco importante no contexto político nacional, mas, apesar disso, as condições socioeconômicas não foram favoráveis para o conjunto dos trabalhadores. O quadro geral observado entre 1981 e 2003 foi demarcado pela estagnação do rendimento do conjunto dos ocupados, com variação média anual positiva de somente 0,2%.

Em resumo, a situação geral do trabalho regrediu consideravelmente (-14%), tendo em vista a elevação do desemprego aberto e a proliferação de postos de trabalho de reduzida remuneração e alta informalidade contratual.

Figura 1.1 – Brasil: evolução dos índices da renda *per capita* nacional e do grau de desigualdade da renda pessoal* (1960 = 100)

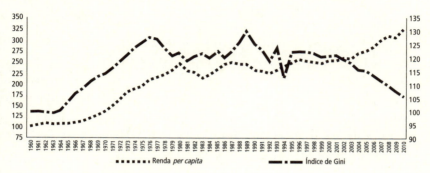

Fonte: IBGE/Contas nacionais (elaboração Ipea)
* Índice de Gini

Por conta disso, a participação do rendimento do trabalho na renda nacional decaiu 23% entre 1981 e 2003. Ao mesmo tempo, o grau de desigualdade na distribuição pessoal da renda do trabalho permaneceu praticamente inalterado, não obstante forte oscilação entre esses anos. No período analisado, houve queda média anual de 0,1% ao ano. (Ver Figura 1.2.)

Figura 1.2 – Brasil: evolução dos índices da participação do rendimento do trabalho na renda nacional e da composição do trabalho* (1960 = 100)

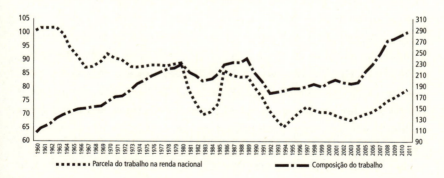

Fonte: IBGE/Contas nacionais (elaboração Ipea)
* Taxa de ocupação, de formalização do emprego e da pobreza.

Desde o ano de 2004 verifica-se a manifestação de uma terceira dimensão nas mudanças sociais. De maneira geral, constata-se que, entre 2004 e 2010, a renda *per capita* dos brasileiros cresceu a uma média anual de 3,3%, ao passo que o índice da situação geral do trabalho cresceu em média 5,5% ao ano.

Além disso, observa-se que a participação do rendimento do trabalho na renda nacional aumentou 14,8%, e o grau de desigualdade na distribuição pessoal da renda do trabalho reduziu-se em 10,7%. Com isso, a prevalência do regime democrático tem sido contemporânea da maior expansão do crescimento econômico com melhoras sociais significativas, o que ressalta a singularidade da transformação social atual.

### 1.2. Razões da renovação na base da pirâmide social

A renovação atual na base da pirâmide social brasileira possui elementos que a diferenciam de momentos anteriores, conforme mencionado antes. Nas décadas de 1960 e 1970, assim como nos anos 2000, a economia nacional registrou importante dinamismo econômico, porém com ênfases setoriais distintas, após mais de vinte anos de semiestagnação (1981-2003).

Até a década de 1980, o aspecto principal das mudanças sociais foi fundamentalmente o vigor da expansão produtiva na indústria. Simultaneamente ao crescimento absoluto da produção no setor secundário da economia nacional (indústria e construção civil) transcorreu a perda relativa de importância do produto do setor primário (agropecuária), sem que houvesse alteração significativa na participação do setor terciário da economia (serviços e comércio).

De fato, constata-se que, entre 1950 e 1980, o peso do produto do setor secundário passou de 20,5% do Produto Interno Bruto (PIB) para 38,6% (aumento de 88,3%), ao passo que a participação do setor primário foi reduzida de 29,4% para 10,7% do PIB (queda de 63,6%). Durante o mesmo período, o setor terciário manteve-se relativamente estável, com participação inferior a 51% do PIB. (Ver Figura 1.3.)

Neste início do século XXI, contudo, somente o setor terciário tem registrado aumento na sua posição relativa em relação ao PIB. Entre 1980 e 2008, o setor terciário aumentou seu peso relativo em 30,6%, respondendo atualmente por dois terços de toda a produção nacional, enquanto os setores pri-

Figura 1.3 – Brasil: evolução da composição setorial do Produto Interno Bruto (em %)

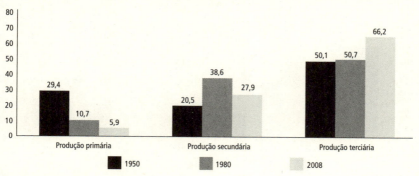

Fonte: IBGE/Contas nacionais (elaboração Ipea)

mários e secundários perderam 44,9% e 27,7%, respectivamente, de suas participações relativas no PIB.

Como consequência, as principais mudanças ocorridas no interior da dinâmica da produção nacional repercutiram na evolução e na composição da força de trabalho. Na fase anterior, na qual predominava a força da dinâmica industrial, a ocupação do setor primário reduzia-se drasticamente, passando de quase 61%, em 1950, para menos de um terço do total dos postos de trabalho. Paralelamente, os setores secundário e terciário aumentaram suas posições relativas na ocupação total, pulando de quase 17% e 22,5%, respectivamente, em 1950, para próximo de 23% e 43%, em 1980. (Ver Figura 1.4.)

Desde a década de 1980, somente o setor terciário tem aumentado seu peso no total da ocupação nacional. No caso do setor primário, percebeu-se a contínua diminuição do seu peso relativo no total dos postos de trabalho, com queda de 32,9% para 18,4% entre 1980 e 2008, ao passo que o setor secundário manteve-se relativamente estabilizado em quase um quarto da ocupação nacional.

Durante a década de 2000, o setor terciário gerou 2,3 vezes mais empregos do que o setor secundário, ao passo que, na década de 1970, o setor terciário gerava somente 30% mais postos de trabalho do que o setor secundário da economia nacional. No setor primário, a diminuição nos postos de trabalho no primeiro decênio do século XXI chega a ser nove vezes maior do que o verificado na década de 1970. (Ver Figura 1.5.)

Figura 1.4 – Brasil: evolução da composição setorial da ocupação (em %)

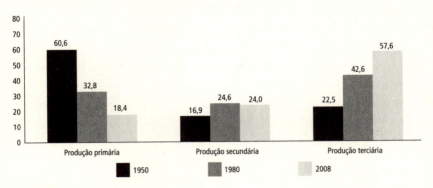

Fonte: IBGE/Censo demográfico e PNAD (elaboração Ipea)

Figura 1.5 – Brasil: evolução do saldo das ocupações segundo setores de atividade econômica (em mil)

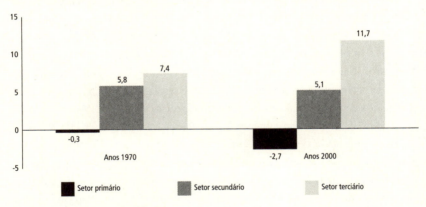

Fonte: IBGE/Censo demográfico e PNAD (elaboração Ipea)

Ao considerarmos a evolução das ocupações segundo a posição profissional, percebe-se a importância quantitativa da expansão dos postos no setor de serviços, o principal empregador na década de 2000. Percebe-se ainda que também tiveram importância, embora em menor escala, as ocupações na construção civil e nas indústrias extrativas, bem como as de escriturários.

Por fim, destaca-se que, nos últimos quarenta anos, a maior expansão quantitativa de ocupações ocorreu justamente no primeiro decênio do século XXI, com saldo líquido 44% superior ao verificado no período entre 1980 e 1990 e 22% superior à década de 1970. Na sua maioria, os postos de trabalhos gerados concentraram-se na base da pirâmide social, uma vez que 95% das vagas abertas tinham remuneração mensal de até 1,5 salário mínimo, o que significou o saldo líquido de 2 milhões de ocupações abertas ao ano, em média, para o segmento de trabalhadores de salário de base. (Ver Figura 1.6.)

Na década de 2000, nos segmentos de trabalhadores ocupados sem remuneração e com rendimento acima de três salários mínimos mensais, houve redução no nível de emprego: de em média 108 mil vagas por ano para a mão de obra sem remuneração e quase 400 mil postos de trabalho a menos ao ano. Para a parcela de ocupados pertencentes à faixa de rendimento de 1,5 a 3 salários mínimos mensais, houve a geração média anual de 616 mil postos de trabalho.

Figura 1.6 – Brasil: evolução do saldo líquido médio anual decenal das ocupações geradas segundo faixa de remuneração (em mil)

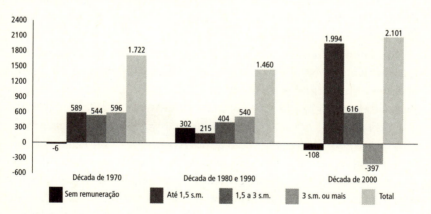

Fonte: IBGE/Censo demográfico e PNAD (elaboração Ipea)

Na década de 1970, a criação de postos de trabalho foi menos desbalanceada entre as diversas faixas de remuneração, com leve queda líquida das ocupações sem rendimentos. Para a média das décadas de 1980 e 1990, constata-se que todas as faixas de remuneração cresceram, sendo a de melhor desempenho relacionada às de rendimento acima de três salários mínimos mensais.

Por fim, pode-se perceber que a estrutura de remuneração dos ocupados brasileiros alterou-se significativamente. De 1970 até o ano 2000 havia a trajetória de redução relativa do segmento de remuneração na faixa de até 1,5 salário mínimo mensal, que passou de 77,1% para 45,8% de todos os postos de trabalho. Na sequência, aumentava o peso relativo das ocupações de maior rendimento, como no caso daquelas com mais de três salários mínimos mensais, que saltou dos 9% de todas as vagas em 1970 para 28,7% no ano 2000.

Durante a primeira década de 2000, entretanto, a parcela dos ocupados com até 1,5 salário mínimo voltou a crescer, aproximando-se de quase 59% de todos os postos de trabalho. Em compensação, as demais faixas de remuneração reduziram a sua posição relativa.

Assim, a estrutura da distribuição dos postos de trabalho segundo as faixas de remuneração no ano de 2009 aproximou-se daquela registrada em 1980, com forte peso para as ocupações na base da pirâmide social. Com a recuperação do valor real do salário mínimo, houve inegável proteção e elevação do piso do poder de compra das remunerações dos trabalhadores que se encontravam nos postos de trabalho em profusão nos setores mais dinâmicos da economia nacional – isto é, o setor terciário, seguido da construção civil e das indústrias extrativas.

Ao considerarmos também o movimento mais recente das mudanças sociais no país, percebe-se que, para além do rendimento e da ocupação, assenta-se nova estratificação social incorporada pelo grau de escolaridade, posse de propriedade, moradia e bens de consumo. Apenas para os anos de estabilização monetária de 1995 a 2009, houve significativa força dinâmica na produção e, por consequência, na geração de novas ocupações. (Ver Figura 1.7.)

Em grande medida, a forte expansão do conjunto das ocupações de salário de base pertencentes ao setor terciário e da construção civil e indústria extrativa favoreceu a mais rápida incorporação dos trabalhadores na base da pirâmide social. Com isso, uma parcela considerável da força de trabalho conseguiu superar a condição de pobreza, transitando para o nível inferior da estrutura ocupacional de baixa remuneração; embora não seja mais pobre, tampouco pode ser considerada de classe média. Esta, por sinal, praticamente não sofreu alteração considerável, pois se manteve estacionada na faixa de um terço dos brasileiros, ao passo que os trabalhadores de salário de base

Figura 1.7 – Brasil: estratificação ampliada da população economicamente ativa (propriedade, moradia, escolaridade, ocupação, renda e consumo) (em %)

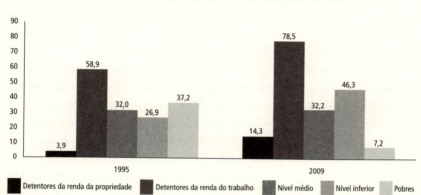

Fonte: IBGE/Censo demográfico, POF e PNAD (elaboração Ipea)

aumentaram sua participação relativa de menos de 27%, em 1995, para 46,3%, em 2009. Na condição de pobreza, a queda foi significativa: de 37,2% para 7,2% no mesmo período.

Além disso, observa-se também a rápida expansão populacional daqueles cuja remuneração principal assenta-se no conjunto das rendas da propriedade (lucro, juros, renda da terra e aluguéis) durante o período recente de estabilidade monetária. Em 2009, esse segmento social representou mais de 14% da população economicamente ativa, ao passo que em 1995 não atingia 4%.

De maneira geral, constata-se o sentido mais amplo das mudanças sociais recentes no Brasil, as quais apresentam características distintas das verificadas nas últimas cinco décadas. Percebe-se que o Brasil tem conseguido combinar no período recente a maior ampliação da renda *per capita* com a redução no grau de desigualdade na distribuição pessoal da renda do trabalho. Além disso, verifica-se a recuperação da participação do rendimento do trabalho na renda nacional acompanhado pela melhora generalizada da situação do exercício do trabalho, com diminuição do desemprego e crescimento do emprego formal.

As mudanças sociais estão interligadas às modificações na estrutura produtiva, com crescente impulso do setor terciário, sobretudo a geração de postos de trabalho. Em geral, observa-se que o maior saldo líquido das ocupações abertas na década de 2000 concentrou-se naquelas de salário de base, ou seja, ao redor do salário mínimo nacional. Dos 2,1 milhões de vagas abertas anualmente, em média 2 milhões encontram-se na faixa de até 1,5 salário mínimo mensal.

Diante da combinação da recuperação do valor real do salário mínimo nacional com a ampliação das políticas de transferências sociais, nota-se que a recente expansão das vagas de salário de base tem permitido absorver enormes parcelas dos trabalhadores na base da pirâmide social, o que favorece a redução sensível da taxa de pobreza em todo o país. Ainda que isso se mostre insuficiente para alterar o segmento intermediário da atual estratificação social, conclui-se que está em curso uma crescente polarização entre os dois extremos com forte crescimento relativo: os trabalhadores na base da pirâmide social e os detentores de renda derivada da propriedade.

## 2. O TRABALHO NA BASE DA PIRÂMIDE SOCIAL NO BRASIL

Uma das principais características do capitalismo brasileiro foi a passagem da sociedade agrária para a urbano-industrial, assentada fundamentalmente na condição de uma economia de baixos salários. Não obstante o progresso material alcançado pela expansão econômica, a maior parte dos trabalhadores permaneceu presa a salários extremamente contidos.

Em grande medida, a reprodução dessa situação se deve à presença de força de trabalho sobrante às necessidades imediatas e de médio e longo prazos das atividades econômicas (privada e pública)[4]. Na realidade, trata-se de um movimento histórico, constituído, inclusive, como herança desde a fase pertencente à antiga economia colonial, quando ainda havia uma forte utilização do trabalho escravo. É importante registrar, inicialmente, que a forma predominante de trabalho forçado não se encontrou, desde sua implantação no Brasil, estruturada tão somente nas áreas de produção colonial; foi também muito comum a permanência do trabalho escravo nas atividades de apoio servil ao modo de vida da aristocracia rural, inclusive em vilas, que estavam ainda em formação no país.

Mesmo com a transição do trabalho escravo para a situação de trabalho livre, decorrente do avanço do capitalismo no Brasil, não houve imediata inter-

---

[4] Para maiores detalhes, ver C. Furtado, *Formação econômica do Brasil* (São Paulo, Companhia Editora Nacional, 1977); C. Prado Júnior, *História econômica do Brasil* (22. ed., São Paulo, Brasiliense, 1979); F. de Oliveira, *Crítica à razão dualista/O ornitorrinco* (São Paulo, Boitempo, 2003)

rupção das atividades de natureza servil, que se manifestavam já há muito tempo e por diversidade regional fundamentalmente em formas de criadagem, prestação de serviços domésticos ao modo de vida dos ricos, capangagem, entre outras[5]. A abolição do trabalho escravo desacompanhado da realização da reforma agrária se deu com o ingresso de um significativo contingente de trabalhadores imigrantes europeus, o que favoreceu o surgimento de grande contingente de trabalhadores sobrantes logo na formação do mercado de trabalho livre no país (final do século XIX).

Durante o ciclo de industrialização nacional (1930-1980), apesar do inegável avanço do emprego assalariado, sobretudo nas grandes cidades, prevaleceu certa incapacidade de absorção da totalidade da força de trabalho urbana, conformada por enorme fluxo migratório do meio rural. Para que o segmento sobrante dos trabalhadores não se convertesse em desemprego aberto, houve significativa presença dos postos de trabalho informais, inclusive como uma forma original de "passagem" para o emprego formal. As atividades informais ocupam trabalhadores que recebem remunerações geralmente inferiores àquelas dos postos de trabalho formal. Além da ocupação, a informalidade permitiu atender à demanda de serviços atinentes aos segmentos sociais de alta renda, bem como ofertar bens aos trabalhadores precariamente empregados numa economia de baixos salários, quando não para integrar parte das cadeias produtivas existentes no país[6].

Na maior parte das vezes, a informalidade localizava-se no mercado de trabalho não organizado, como alternativa de obtenção de trabalho e renda pela mão de obra sobrante no Brasil às ocupações geradas pelas grandes e médias empresas e pelo setor público (mercado de trabalho organizado). Por operar com certo grau de autonomia da dinâmica geral dos setores público e privado, as ocupações por conta própria e até de auxílio sem remuneração nos pequenos negócios autônomos pertencentes à informalidade tenderam a se diferenciar, por exemplo, da condição de subordinação direta do emprego

---

[5] Mais informações em: J. M. C. de Mello, *Capitalismo tardio* (São Paulo, Brasiliense, 1981); J. Fragoso, *Homens de grossa aventura: acumulação e hierarquia na praça mercantil do Rio de Janeiro (1790-1830)* (Rio de Janeiro, Arquivo Nacional, 1992); J. Fragoso e M. Florentino, *O arcaísmo como projeto* (Rio de Janeiro, Diadorim, 1993).

[6] Para mais detalhes, ver F. de Oliveira, *Crítica à razão dualista/O ornitorrinco*, cit.

assalariado formal, especialmente na condição de prestação de serviços a famílias. Mesmo que as ocupações informais tendessem a aspirar ao mesmo nível de proteção social e trabalhista dos empregados formais, prevaleceu, na maioria das vezes, a desproteção, quando não a marginalização social, sinal inequívoco da condição de últimos cidadãos brasileiros.

Sem a realização das reformas clássicas do capitalismo contemporâneo (agrária, tributária e social), a situação da informalidade não foi contida, ainda que fosse reduzida de maneira significativa pelo forte ritmo de expansão econômica nos setores privado e público. Todavia, com o abandono do projeto de desenvolvimento nacional, a partir da década de 1980, a economia brasileira ingressou numa longa fase de baixo dinamismo nas atividades produtivas, o que resultou em maior incapacidade de expandir o emprego no mesmo nível de aumento da população economicamente ativa. O resultado foi um contingente ainda maior de mão de obra sobrante.

De modo concomitante ao crescimento do desemprego aberto e das ocupações precárias, houve também a ampliação da concentração de renda e riqueza, o que terminou favorecendo, mais uma vez, a expansão do trabalho barato de prestação de serviços a famílias. Não somente as ocupações tradicionais identificadas pelo tradicional trabalho doméstico voltaram a aumentar, como também ganharam importância atividades mais sofisticas, como as de piloto de lanchas, aviões ou helicópteros particulares, de assistência pessoal especializada (*personal trainer*, *personal stylist*, embelezamento, entre outros) e de serviços de administração da própria riqueza (consultorias financeiras e planejamento tributário, por exemplo)[7].

Dessa forma, as ocupações que permanecem associadas ao trabalho para famílias de alta renda tenderam, muitas vezes, a incorporar também valores e a ideologia desses segmentos mais favorecidos, descartando, assim, a democratização e modernização das relações de trabalho, que passam pela ampliação da proteção social e trabalhista. Em síntese, os segmentos pauperizados – sobretudo aqueles submetidos ao avanço sofisticado do trabalho para as famílias de alta renda – terminam por reproduzir, de maneira

---

[7] Ver mais em M. Pochmann, *O emprego na globalização* (São Paulo, Boitempo 2001).

simbólica, muito mais o meio que em que trabalham do que aquele em que vivem fora do trabalho.

Durante a década de 2000, o retorno ao maior ritmo de expansão da economia nacional foi acompanho pela importante expansão das ocupações, sobretudo formais. Se as políticas públicas de apoio às famílias de baixa renda forem associadas ao forte impulso nos postos de trabalho dos trabalhadores de salário de base, é possível avaliar melhor a mobilidade social gerada na base da pirâmide social brasileira. Essa é a tarefa deste capítulo, ou seja, oferecer uma linha interpretativa do fenômeno recente de transformação social fortemente impulsionado pelo comportamento do mercado de trabalho e pelas políticas públicas.

## 2.1. Padrões de trabalho

Nas últimas quatro décadas, o Brasil registrou três distintos padrões de trabalho da totalidade de sua mão de obra. Por padrão de trabalho entende-se a dinâmica de geração de empregos para a força de trabalho segundo a faixa de remuneração, ou seja, o sentido geral de evolução do nível ocupacional e do rendimento recebido pelo conjunto dos trabalhadores.

Como o nível geral de emprego da mão de obra no capitalismo é determinado por diversas variáveis – embora sobretudo pela dinâmica macroeconômica –, existe a possibilidade de analisarmos as condições de uso e remuneração do trabalho na base da pirâmide social. Assim, o perfil dos rendimentos e a dinâmica da ocupação definem o padrão de trabalho da mão de obra.

No caso brasileiro, percebe-se que, entre as décadas de 1970 e 1980, o padrão de trabalho caracterizou-se pela importante geração quantitativa do emprego da mão de obra. Na década de 1970, por exemplo, houve a geração líquida de 17,2 milhões de postos de trabalho, dos quais 34,3% ofereciam remuneração mensal de até 1,5 salário mínimo e 16,9%, rendimento acima de cinco salário mínimos mensais.

Nos anos 1980, o país criou 18,1 milhões de novas ocupações, sendo 25,4% com remuneração de até 1,5 salário mínimo mensal e 33,1% de cinco ou mais salários mínimos mensais. Na faixa das ocupações sem remuneração, houve a geração equivalente a somente 0,7% do total das ocupações, número que, nos anos 1970, foi menos de 0,4%. Assim, mais da metade do saldo dos postos de trabalhos abertos resultava do somatório das ocupações com remuneração de até 1,5 salário mínimo e de mais de cinco salários mínimos mensais. (Ver Figura 2.1)

Figura 2.1 – Brasil: evolução do saldo das ocupações segundo faixa de remuneração

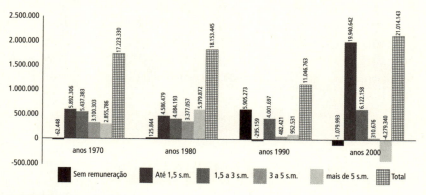

Fonte: IBGE/PNAD (elaboração própria)

Na década de 1990, estabeleceu-se no Brasil um novo padrão de trabalho, composto por um menor ritmo de geração de postos de trabalhos e um perfil de remuneração distinto. Isso porque foram abertos somente 11 milhões de novos postos de trabalho, dos quais 53,6% não previam remuneração. Na faixa de renda de até 1,5 salário mínimo, houve a redução líquida de quase 300 mil postos de trabalho, e esse segundo padrão de emprego diferenciou-se significativamente daquele verificado entre os anos 1970 e 1980.

Por fim, a década de 2000 apresentou uma alteração importante no padrão de trabalho da mão de obra brasileira, marcada por forte dinamismo nas ocupações geradas e no perfil remuneratório. Do total líquido de 21 milhões de postos de trabalho criados na primeira década do século XXI, 94,8% foram com rendimento de até 1,5 salário mínimo mensal. Nas ocupações sem remuneração, houve a redução líquida de 1,1 milhão de postos de trabalho, enquanto na faixa de cinco salários mínimos mensais a queda total atingiu 4,3 milhões de ocupações. Em síntese, ocorreu o avanço das ocupações na base da pirâmide social brasileira. (Ver Figura 2.2.)

Figura 2.2 – Brasil: evolução da composição ocupacional segundo faixa de remuneração (em %)

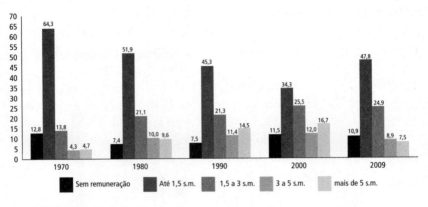

Fonte: IBGE/PNAD (elaboração própria)

A presença de distintos padrões de trabalho verificados nos últimos quarenta anos implicou uma conformação diferenciada no perfil remuneratório da mão de obra ocupada no Brasil. No ano de 1970, por exemplo, 64,3% dos ocupados possuíam remuneração de até 1,5 salário mínimo mensal, ao passo que, em 2000, eram somente 34,3% na mesma faixa de remuneração. Os trabalhadores sem remuneração mantiveram-se estabilizados na faixa de 12% nos dois anos selecionados, embora os postos de trabalho com rendimento acima de cinco salários mínimos mensais tenham passado de 4,7% para 16,7% do total das ocupações.

Na década de 2000, o sentido das ocupações segundo remuneração alterou-se profundamente. De um lado, o retorno à expansão da presença dos postos de trabalho de até 1,5 salário mínimo mensal, com redução das vagas sem remuneração e de maior rendimento. Assim, os ocupados de até 1,5 salário mínimo mensal aproximaram-se da metade do total das ocupações existentes em 2009, o que contribuiu para a redução da desigualdade entre as diferentes faixas de rendimento do trabalho.

Em virtude desse movimento recente de modificação na dinâmica remuneratória das ocupações, cabe analisar melhor o padrão atual do trabalho da mão de obra brasileira. Para isso, deve-se considerar fundamentalmente o perfil das ocupações abertas na base da pirâmide social.

A força do conjunto dos rendimentos dos trabalhadores de salário de base impulsionou a modificação significativa na estrutura da massa de remuneração do conjunto dos ocupados brasileiros. Em 2009, por exemplo, os ocupados com até 1,5 salário mínimo absorviam 24,5% do total da remuneração do trabalho no país, ao passo que, em 1989, recebiam 22,3% do conjunto dos rendimentos.

Para os ocupados que recebem mais de cinco salários mínimos, a participação no total das remunerações do país era de 35,3% em 2009 em comparação com 45,2% em 1989. Em 1999, a composição dos rendimentos do trabalho registrou menor peso para os ocupados com até 1,5 salário mínimo mensal e mais participação daqueles com cinco salários mínimos ou mais, quando comparada ao ano de 2009. (Ver Figura 2.3.)

Figura 2.3 – Brasil: evolução da composição dos rendimentos do trabalho segundo faixa de remuneração dos ocupados com renda (em %)

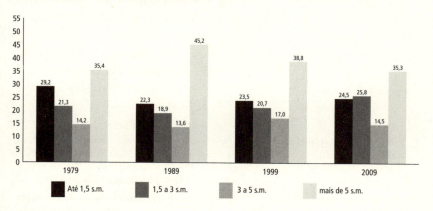

Fonte: IBGE/PNAD (elaboração própria)

Tendo em vista a importância do emprego de baixa remuneração, que constitui a base da pirâmide distributiva do conjunto dos rendimentos do trabalho – ou seja, 47,8% do total da força de trabalho ocupada e 24,5% das remunerações do país –, cabe analisar sua evolução recente diante das transformações mais gerais da economia e da sociedade brasileira. Esse segmento social em especial não poderia estar associado ao conceito de classe média ascendente tendo em vista às peculiaridades de suas ocupações e remuneração, conforme a literatura recente parece fazer crer[8]. O debate a respeito da definição de classe social no capitalismo – em particular a da classe média – assume maior complexidade, para o qual se pressupõe maior profundidade e investigação[9].

Em conformidade com a literatura internacional, esse segmento social deveria ser mais bem considerado na categoria analítica de *working poor* (trabalhadores pobres), pois se trata fundamentalmente de ocupados de salário de base. A sua presença, em maior ou menor expressão, revela o padrão de trabalho existente e, consequentemente, o modelo de expansão macroeconômica do país[10]. Na maior parte dos casos, a categoria *working poor* trata das ocupações que estão no entorno do salário mínimo oficial, cujo valor real determina a presença de trabalhadores pobres e sua relação com o nível de consumo[11]. A seguir, procura-se analisar as características principais da evolução das ocupações dos trabalhadores brasileiros de salário de base durante as últimas quatro décadas, mas com especial atenção para o período atual.

---

[8] Sobre isso, ver as colaborações recentes de J. Souza, *Os batalhadores brasileiros* (Belo Horizonte, Editora UFMG, 2010); M. Neri, *A nova classe média* (Rio de Janeiro, Fundação Getulio Vargas, 2010); B. Lamounier e A. Souza, *A classe média brasileira* (Rio de Janeiro, Campus, 2010); e S. Nunes, *Decálogo da classe média* (2. ed., São Paulo, Altana, 2008).

[9] Mais informações em: M. Paoli, *Desenvolvimento e marginalidade* (São Paulo, Pioneira, 1974); L. Bresser Pereira, *Tecnocracia e contestação* (Petrópolis, Vozes, 1972); F. Novais, *História da vida privada no Brasil* (São Paulo, Companhia das Letras, 1998); A. Guerra et al., *Classe média: desenvolvimento e crise* (São Paulo, Cortez, 2006); C. Martins, *Tecnocracia e capitalismo* (São Paulo, Brasiliense, 1974); B. Ehrenreich, *O medo da queda: ascensão e crise da classe média* (São Paulo, Scritta, 1989).

[10] Para maiores detalhes, ver: Jennifer Gardner Diane Herz, "Working and Poor in 1990", *Monthly Labor Review*, dezembro de 1992.

[11] Sobre trabalhadores de salário de base, ver mais em: Marcio Pochmann, *Políticas de garantia de renda no capitalismo em mudança* (São Paulo, LTr, 1995); R. Kazis e M. Miller, *Low-Wage Workers* (Washington, D. C., UIP, 2001).

## 2.2. Evolução da ocupação na base da pirâmide social

Já desde os anos 2000 o Brasil aponta para a constituição de um novo modelo de desenvolvimento, que procura combinar de maneira favorável os avanços econômicos com os progressos sociais. Após mais de duas décadas de prevalência da semiestagnação econômica com regressos sociais, verifica-se que a expansão das ocupações na base pirâmide social, por intermédio da concentração do saldo líquido dos empregos para trabalhadores de salário de base, tem sido acompanhada tanto pelo retorno da acelerada mobilidade social como pelo crescimento do consumo de bens e serviços associados à economia popular.

A ampliação da massa de remuneração do trabalho, especialmente por conta da forte geração de ocupações com remuneração levemente acima do salário mínimo, potencializa e sustenta a dinâmica da economia em novas bases sociais de modo praticamente sem paralelo durante os últimos quarenta anos no Brasil. Na década de 2000, por exemplo, os empregos com remuneração de até 1,5 salário mínimo foram os que mais cresceram (6,2% em média ao ano), o que equivaleu ao ritmo 2,4 vezes maior que o conjunto de todos os postos de trabalho (2,6%). As ocupações sem remuneração (-0,9%) e aquelas com rendimento de cinco ou mais salários mínimos mensais (-3,3%) sofreram redução líquida no mesmo período. (Ver Figura 2.4.)

Figura 2.4 – Brasil: variação média anual das ocupações segundo a faixa de remuneração (em %)

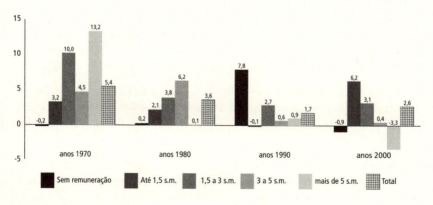

Fonte: IBGE/PNAD (elaboração própria)

Na década de 1990, os trabalhos sem remuneração foram os que mais cresceram (7,8% ao ano, em média), em um ritmo 4,6 vezes superior ao verificado para o conjunto das ocupações, ao passo que as ocupações com rendimento mensal de até 1,5 salário mínimo mensal tiveram queda no mesmo período (-0,1% ao ano, em média). Nos anos 1980, as ocupações com remuneração de 3 a 5 salários mínimos foram as que mais se expandiram (8,2% como média anual), em um ritmo 1,7 vezes maior que o crescimento médio anual de todas as ocupações.

Por fim, na década de 1970, os empregos de cinco ou mais salários mínimos, cujo ritmo de crescimento foi 2,4 vezes superior em relação ao conjunto de todas as ocupações, registraram a maior expansão (13,2% ao ano, em média). No caso dos trabalhadores sem remuneração, houve leve queda no estoque de emprego durante o mesmo período (-0,2% em média, ao ano).

No caso dos trabalhadores com remuneração de até 1,5 salário mínimo mensal, registra-se que as profissões em maior expansão na década de 2000 foram as de serviços (6,1 milhões de novos postos de trabalho, que responderam por 31% da ocupação total). Na sequência, aparecem os trabalhadores do comércio (2,1 milhões), da construção civil (2 milhões), de escriturários (1,6 milhão), da indústria têxtil e de vestuário (1,3 milhão) e do atendimento público (1,3 milhão). Somente essas seis profissões compreenderam 14,4 milhões de novos postos de trabalho, o que equivaleu a 72,4% de todas as ocupações com remuneração de até 1,5 salário mínimo mensal. Durante a década de 1990, esse mesmo conjunto de ocupações registrou a expansão de apenas 766 mil novos postos de trabalho, sendo que as profissões de escriturário (-474 mil) e de têxteis e vestuário (-286 mil) registraram redução no total das ocupações. (Ver Figura 2.5.)

Por outro lado, observa-se a tendência do conjunto das ocupações para trabalhadores de salário em atender mais a contratação das mulheres. Na década de 2000, por exemplo, quase 60% das ocupações geradas absorveram mulheres. Durante os anos 1990, o emprego feminino respondeu por dois terços do total dos postos de trabalho gerados, ao passo que, na década de 1980, eram as ocupações masculinas que predominavam. (Ver Figura 2.6.)

Do ponto de vista etário, nota-se que a maior parte das ocupações para trabalhadores de salário de base concentrou-se na faixa dos 25 aos 34 anos na

Figura 2.5 – Brasil: saldo líquido de ocupações geradas para trabalhadores de salário de base segundo a posição profissional

| | anos 1970 | anos 1980 | anos 1990 | anos 2000 |
|---|---|---|---|---|
| Militares (Aeronáutica, Exército e Marinha) | -1.742 | -30.434 | -45.670 | 7.097 |
| Bombeiros militares | -127 | -262 | -1.520 | 303 |
| Membros superiores e dirigentes do poder público | 3.669 | 6.967 | -2.256 | -2.195 |
| Dirigentes e gerentes de empresas e organizações (exceto de interesse público) | 94.492 | -98.172 | -24.755 | 154.264 |
| Profissionais das ciências exatas, físicas e da engenharia | -2.917 | -5.847 | 1.977 | 11.966 |
| Profissionais das ciências biológicas, da saúde e afins | 2.322 | 4.427 | -2.975 | 47.388 |
| Profissionais do ensino (com formação de nível superior) | 808 | 17.104 | -8.269 | 443.787 |
| Profissionais das ciências jurídicas | 7.984 | 2.034 | -254 | 48.278 |
| Profissionais das ciências sociais e humanas | 10.387 | 7.729 | -4.090 | 131.341 |
| Comunicadores, artistas e religiosos | 44.512 | 74.171 | 23.174 | 178.318 |
| Técnicos de nível médio das ciências físicas, químicas, engenharia e afins | 0 | -6.650 | 188 | 328.828 |
| Técnicos de nível médio das ciências biológicas, bioquímicas, da saúde e afins | 75.136 | 27.920 | -43.345 | 119.278 |
| Professores leigos e de nível médio | 169.728 | 252.856 | -184.200 | 120.305 |
| Técnicos de nível médio em serviços de transportes | 1 | -484 | 80 | 10.490 |
| Técnicos de nível médio nas ciências administrativas | 519.875 | 25.950 | 4.131 | 559.521 |
| Técnicos em nível médio dos serviços culturais, das comunicações e dos desportos | 5.996 | 16.129 | 2.385 | 159.610 |
| Outros técnicos de nível médio | -8397 | -41.830 | -3.134 | 58.774 |
| Escriturários | 151.749 | 324.246 | -473.544 | 1.605.324 |
| Trabalhadores de atendimento ao público | 9.298 | 171.370 | 86.279 | 1.326.737 |
| Trabalhadores dos serviços | 2.117.042 | -361.004 | 489.528 | 6.119.193 |
| Vendedores e prestadores de serviços do comércio | 526.660 | 1.041.728 | 768.701 | 2.153.691 |
| Produtores na exploração agropecuária | 3.238.613 | 2.178.561 | 420.568 | -66.269 |
| Trabalhadores na exploração agropecuária | -3.554.557 | -130.883 | -798.380 | 827.525 |
| Pescadores, caçadores e extrativistas florestais | 7.717 | 94.933 | 16.466 | -90.668 |
| Trabalhadores da mecanização agropecuária e florestal | 94.671 | -15.642 | -49.376 | 18.238 |
| Trabalhadores da indústria extrativa e da construção civil | 678.618 | 245.126 | 18.016 | 1.998.033 |
| Trabalhadores da transformação de metais e de compósitos | -34.909 | 40.404 | -97.446 | 356.291 |

(continua)

## 34  Nova classe média?

(continuação)

| | anos 1970 | anos 1980 | anos 1990 | anos 2000 |
|---|---|---|---|---|
| Trabalhadores da fabricação e instalação eletroeletrônica | 94.915 | 57.193 | 57.248 | -143.274 |
| Joalheiros, vidreiros, ceramistas e afins | 9.273 | -8.155 | -11.387 | 53.885 |
| Trabalhadores das indústrias têxteis, do curtimento, do vestuário e das artes gráficas | 395.502 | 216.326 | -285.220 | 1.285.914 |
| Trabalhadores das indústrias de madeira e do mobiliário | 104.478 | 68.446 | -106.163 | 81.405 |
| Trabalhadores de funções transversais | 74.212 | 24.370 | -52.362 | 1.598.636 |
| Trabalhadores das indústrias de processos contínuos e outras indústrias | -1.696 | 57.749 | -17.568 | 17.548 |
| Trabalhadores de instalações siderúrgicas e de materiais de construção | 57.267 | -12.709 | -22.428 | 18.073 |
| Trabalhadores de instalações e máquinas de fabricação de celulose, papel, papelão e artefatos | 1 | 8.410 | -7.753 | 11.689 |
| Trabalhadores da fabricação de alimentos, bebidas e fumo | 98.148 | 60.900 | 13.677 | 520.230 |
| Operadores de instalações de produção e distribuição de energia, utilidades, captação, tratamento e distribuição de água | 63.005 | 7.801 | -5.945 | 28.911 |
| Trabalhadores de reparação e manutenção mecânica | 253.658 | 156.463 | -11.094 | 222.512 |
| Outros trabalhadores da conservação, manutenção e reparação | 7.687 | -13.507 | -9.597 | 109.815 |

Fonte: IBGE/PNAD (elaboração própria)

Figura 2.6 – Brasil: composição das ocupações geradas para trabalhadores de salário de base segundo o sexo

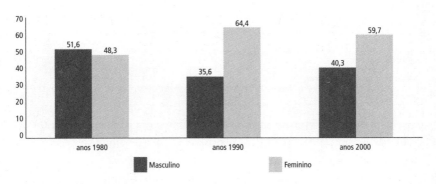

Fonte: IBGE/Pnad (elaboração própria)

década de 2000. Embora parecido com o observado na década de 1980, percebe-se enorme diferenciação em relação à geração de postos de trabalho por idade nos anos 1990, cuja maior presença concentrava-se na faixa etária dos 35 aos 44 anos. (Ver Figura 2.7.)

Figura 2.7 – Brasil: saldo líquido de ocupações geradas para trabalhadores de salário de bases segundo a faixa etária

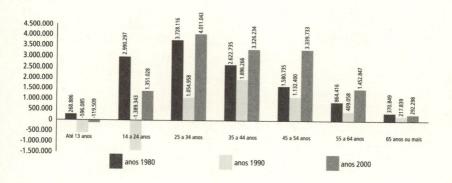

Fonte: IBGE/PNAD (elaboração própria)

Na década de 2000, destaca-se ainda a importância das ocupações para trabalhadores de salário de base na faixa etária dos 45 aos 54 anos, na segunda posição, e dos 55 aos 64 anos, superior aos postos de trabalho gerados para o segmento juvenil. Essa situação diverge bem do comportamento do emprego de salário de base verificado na década de 1980, que tinha no segmento juvenil a segunda maior posição na geração de novos postos de trabalho.

Também em relação à raça/etnia, constata-se a importância das ocupações de salário de base geradas para os trabalhadores não brancos uma vez que tanto nos anos 1990 como na década de 2000, do total das ocupações geradas, quatro quintos foram absorvidas por trabalhadores não brancos. (Ver Figura 2.8.)

Desde os anos 1990 que as vagas ocupadas por trabalhadores sem estudo vêm sendo reduzidas rapidamente. Em compensação, cresce a geração de postos de trabalho para os que possuem maior grau de escolaridade. (Ver Figura 2.9.)

Figura 2.8 – Brasil: composição das ocupações geradas para trabalhadores de salário de base mensais segundo a cor/raça (em %)

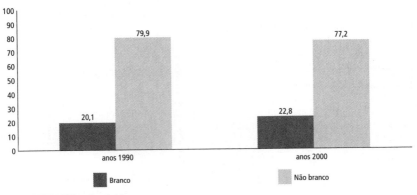

Fonte: IBGE/PNAD (elaboração própria)

Figura 2.9 – Brasil: saldo líquido de ocupações geradas para trabalhadores de salário de base segundo a faixa de escolaridade

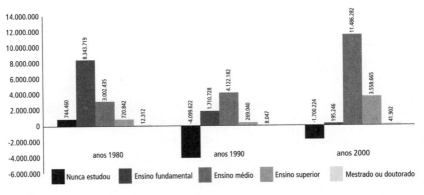

Fonte: IBGE/PNAD (elaboração própria)

Na década de 2000, quase 85% do total das vagas abertas destinavam-se a trabalhadores de salário de base com escolaridade equivalente ao ensino médio, ao passo que aos ocupados que possuíam ensino superior restou uma parcela bem menor do total dos postos de trabalho. Nos anos 1990, as vagas abertas aos trabalhadores de salário de base com ensino médio representaram 68,3% do total; com ensino superior, menos de 5%.

Considerando a evolução da ocupação para trabalhadores de salário de base, percebe-se a importância dos serviços auxiliares (coletivos e sociais), comércio de mercadorias e a indústria de transformação na década de 2000, ao contrário dos anos 1980, quando a administração pública, a saúde e a educação foram os mais expressivos. Na década de 1990, a indústria de transformação e a administração pública registraram queda na ocupação para trabalhadores de salário de base. (Ver Figura 2.10.)

Figura 2.10 – Brasil: variação no saldo líquido das ocupações geradas para trabalhadores de salário de base segundo setor de atividade econômica (em %)

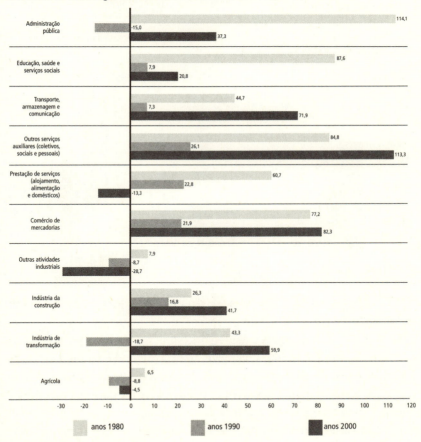

Fonte: IBGE/PNAD (elaboração própria)

Na década de 2000, a expansão do emprego assalariado com carteira assinada foi expressiva: para cada grupo de dez ocupações abertas para trabalhadores de salário de base, sete foram de empregos formais, e a cada vaga aberta de emprego assalariado informal, três outras eram criadas para o trabalho com carteira assinada.

Nos anos 1990, o emprego assalariado formal teve a redução de mais de 260 mil postos de trabalho de salário de base, e as ocupações por conta própria foram as que mais cresceram no Brasil. Por fim, na década de 1980, os empregos formais e informais cresceram praticamente na mesma proporção. (Ver Figura 2.11.)

Figura 2.11 – Brasil: saldo líquido nas ocupações geradas para trabalhadores de salário de base segundo a posição na ocupação

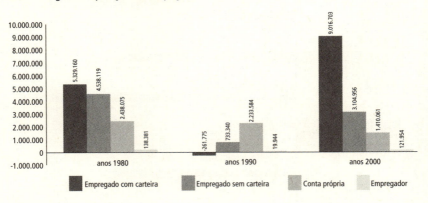

Fonte: IBGE/PNAD (elaboração própria)

Com relação à distribuição regional das ocupações para trabalhadores de salário de base na década de 2000, constata-se que metade do total dos postos de trabalho criados ocorreu nas regiões Nordeste, Norte e Centro-Oeste, ao contrário dos anos 1980, quando as regiões Sudeste e Sul responderam por 56% do total da ocupação para trabalhadores de salário de base.

Na década de 1990, a situação foi bem diferente, com registro de queda nas ocupações de salário de base na região Sudeste; na região Sul, foram criados somente 333 mil postos de trabalho. As regiões Nordeste, Norte e Centro-Oeste responderam pela maior parte das ocupações geradas. (Ver Figura 2.12.)

Figura 2.12 – Brasil: saldo líquido de ocupações geradas com remuneração de até dois salários mínimos mensais segundo grande região geográfica

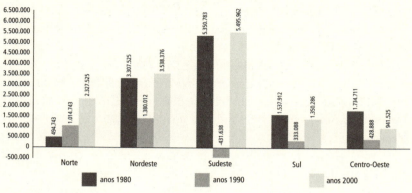

Fonte: IBGE/PNAD (elaboração própria)

## 2.3. Relações de trabalho

Os trabalhadores de salário de base respondem atualmente pela metade do total das ocupações no Brasil; desse universo, mais de 75% são assalariados, dos quais dois de cada três possuem carteira assinada. (Ver Figura 2.13.)

Figura 2.13 – Brasil: evolução da composição do total das ocupações para trabalhadores de salário de base segundo posição na ocupação (em %)

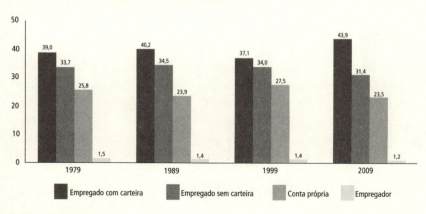

Fonte: IBGE/PNAD (elaboração própria)

Depois do interregno na expansão do emprego assalariado formal ocorrido na década de 1990, a formalização das ocupações de salário de base encontra-se em alta. No ano de 2009, o Brasil registrou a maior participação do emprego formal no total da ocupação de salário de base dos últimos quarenta anos.

Além disso, percebe-se também a força da expansão das ocupações de maior escolaridade no período recente. Na década de 2000, o Brasil gerou 14,7 milhões de ocupações para trabalhadores de salário de base acima de 9 anos de estudos, contra 3,9 milhões nos anos 1990 e 3,7 milhões na década de 1980.

Já com relação aos trabalhadores de salário de base, observa-se o aprofundamento de sua redução absoluta e relativa. Nos anos 1990, houve a redução de 1,7 milhão de vagas para trabalhadores de salário de base sem instrução e de 1,5 milhão na década de 2000. Ou seja, uma queda de 3,2 milhões de postos de trabalho em duas décadas.

Em função disso, a composição dos trabalhadores de salário de base no Brasil se alterou profundamente. Em 2009, 43% dos ocupados possuíam mais de 9 anos de escolaridade, em comparação com apenas 9% em 1979, 15,1% em 1989 e 23,2% em 1999. (Ver Figura 2.14.)

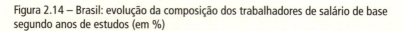
Figura 2.14 – Brasil: evolução da composição dos trabalhadores de salário de base segundo anos de estudos (em %)

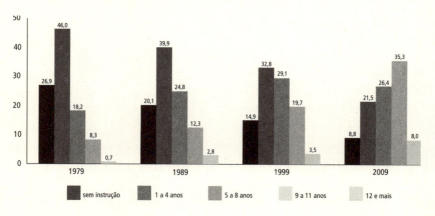

Fonte: IBGE/PNAD (elaboração própria)

Também se verifica uma profunda modificação na composição dos trabalhadores de salário de base segundo a faixa etária. Os ocupados com mais de 35 anos respondem por 49% do total dos trabalhadores de salário de base em 2009, ao passo que em 1979 representavam 37%. Do mesmo modo que se registra o processo de envelhecimento dos ocupados na base da pirâmide social brasileira, ocorre a redução dos mais jovens, pois o número de ocupados com até 24 anos de idade reduziu relativamente de 39,4%, em 1979, para 24%, em 2009. (Ver Figura 2.15.)

Figura 2.15 – Brasil: evolução da composição dos trabalhadores de salário de base segundo a faixa etária (em %)

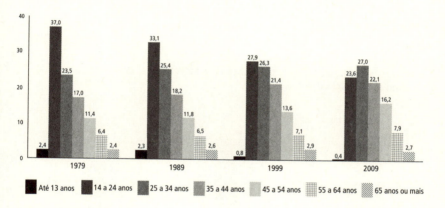

Fonte: IBGE/PNAD (elaboração própria)

No quesito gênero sexual, a composição dos ocupados de salário de base segue modificando-se com o passar dos anos, tendo em vista que a presença feminina no total dos ocupados de baixa remuneração tem sido crescente. Em 2009, por exemplo, a cada dois ocupados de salário de base, um é mulher, ao passo que, em 1979, o sexo feminino representava apenas um terço dos trabalhadores de reduzida remuneração. (Ver Figura 2.16.)

Da mesma forma, em relação à composição dos trabalhadores de salário de base segundo raça/etnia, percebe-se a passagem para a condição de maioria dos ocupados não brancos. Em 2009, os trabalhadores não brancos eram

Figura 2.16 – Brasil: evolução da composição dos trabalhadores de salário de base segundo o sexo

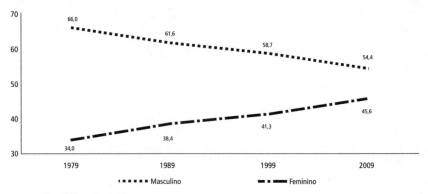

Fonte: IBGE/Pnad (elaboração própria)

Figura 2.17 – Brasil: evolução da composição dos trabalhadores de salário de base segundo raça/etnia (em %)

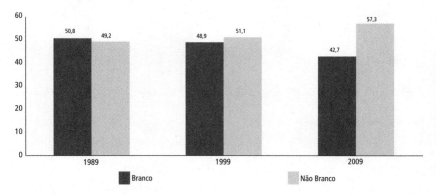

Fonte: IBGE/PNAD (elaboração própria)

mais de 57% do total da ocupação de baixa remuneração, ao passo que, em 1979, eram menos de 50%. (Ver Figura 2.17.)

Transformação significativa pode ser observada na evolução da composição dos trabalhadores na base da pirâmide social. Em 2009, as ocupações agrícolas respondem por menos de 14% do total dos trabalhadores de baixa remuneração, ao passo que, em 1979, eram quase 30%. A indústria perde levemente a sua participação relativa, passando de 25,3% em 1979 para 23,8% em 2009. Em 1999, havia sido reduzida para 20,8%. (Ver Figura 2.18)

Figura 2.18 – Brasil: evolução da composição dos trabalhadores de salário de base segundo setor de atividade econômica (em %)

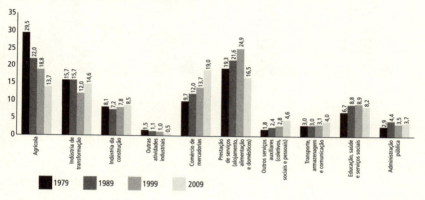

Fonte: IBGE/PNAD (elaboração própria)

O setor terciário, por outro lado, tem aumentado relativamente a sua participação no total da ocupação de baixa remuneração, passando de 45,2%, em 1979, para 62,5%. Mas, dentro do setor terciário, altera-se a presença dos diferentes subsetores. Enquanto o comércio de mercadoria e os serviços sociais (educação e saúde) aumentaram a posição relativa de 16,4% em 1979 para 27,2% em 2009, a prestação de serviços (alojamento, alimentação e domésticos) reduziu de 19,3% para 16,5% no mesmo período.

Do ponto de vista geográfico, a distribuição do total dos ocupados de baixo salário no Brasil vem sofrendo importante transformação. As regiões Norte e Centro-Oeste aumentam a participação relativa de 6,8%, em 1979, para 15,5%, ao passo que as demais regiões passaram a responder por menos ocupados de salário de base, de 93,2% para 84,5% no mesmo período. (Ver Figura 2.19.)

Todo esse conjunto de alterações no segmento ocupacional de baixa remuneração no Brasil, que responde atualmente pela metade dos trabalhadores, impactou as relações de trabalho. De um lado, a maior presença entre os trabalhadores de baixa remuneração da legislação social e trabalhista, que

Figura 2.19 – Brasil: evolução da composição dos trabalhadores de salário de base segundo grande região geográfica (em %)

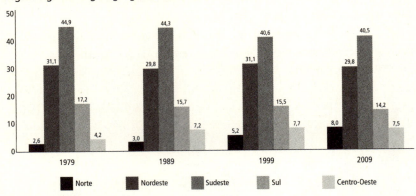

Fonte: IBGE/PNAD (elaboração própria)

passou para quase 45% dos ocupados. Mesmo assim, a maior parte dos ocupados na base da pirâmide social permanece excluída da proteção social e trabalhista. (Ver Figura 2.20.)

De outro lado, a presença do sindicato entre os trabalhadores de salário de base permanece contida. Se forem considerados somente os assalariados

Figura 2.20 – Brasil: taxa de sindicalização total e entre assalariados totais e formais dos trabalhadores de salário de base (em %)

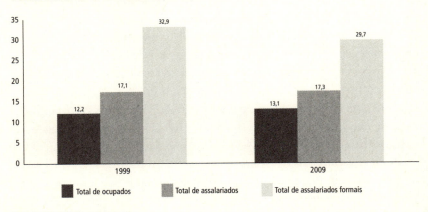

Fonte: IBGE/PNAD (elaboração própria)

com carteira assinada, a taxa de sindicalização alcança quase um terço dos trabalhadores, mas, se for tomado como referência o conjunto das ocupações, a taxa de sindicalização não passa dos 13%.

Entre os anos 1990 e a década de 2000, a taxa de sindicalização não se alterou profundamente, não obstante as profundas transformações no conjunto dos trabalhadores na base da pirâmide social brasileira. Entre os assalariados com carteira, a taxa de sindicalização caiu de 32,9% para 29,7%, ao passo que no total dos ocupados subiu levemente de 12,2% para 13,1%.

Entre as distintas profissões, pode-se observar que importantes modificações terminaram ocorrendo entre os ocupados, capazes de alterar o comportamento da taxa de sindicalização por categoria. No caso dos trabalhadores do setor de energia, houve profunda modificação na taxa de sindicalização, que caiu de 36,7% em 1999 para 10,3% em 2009. Nesse mesmo sentido de queda na taxa de sindicalização, figuram os casos dos trabalhadores do setor de papel e papelão, joalheiros e vidreiros, trabalhadores de nível médio.

Por fim, observam-se setores com crescimento na taxa de sindicalização dos ocupados, com destaque para os casos dos setores de fabricação de alimentos, instalações siderúrgica, materiais de construção e exploração agrícola, entre outros. (Ver Figura 2.21.)

Figura 2.21 – Brasil: taxa de sindicalização dos trabalhadores de salário de base segundo a posição profissional

|  | 1999 | 2009 |
|---|---|---|
| Membros superiores e dirigentes do poder público | 14,21% | 28,26% |
| Dirigentes e gerentes de empresas e organizações (exceto de interesse público) | 15,27% | 12,36% |
| Profissionais das ciências exatas, físicas e da engenharia | 19,24% | 8,83% |
| Profissionais das ciências biológicas, da saúde e afins | 37,54% | 9,47% |
| Profissionais do ensino (com formação de nível superior) | 20,43% | 20,83% |
| Profissionais das ciências jurídicas | 3,12% | 5,03% |
| Profissionais das ciências sociais e humanas | 22,50% | 8,74% |
| Comunicadores, artistas e religiosos | 8,26% | 4,94% |
| Técnicos de nível médio das ciências físicas, químicas, engenharia e afins | 14,19% | 9,62% |
| Técnicos de nível médio das ciências biológicas, bioquímicas, da saúde e afins | 23,49% | 20,52% |
| Professores leigos e de nível médio | 17,46% | 13,20% |
| Técnicos de nível médio em serviços de transportes | 16,30% | 15,01% |
| Técnicos de nível médio nas ciências administrativas | 10,68% | 16,83% |

(continua)

(continuação)

| | 1999 | 2009 |
|---|---|---|
| Técnicos em nível médio dos serviços culturais, das comunicações e dos desportos | 5,83% | 5,56% |
| Outros técnicos de nível médio | 20,77% | 25,32% |
| Escriturários | 15,07% | 14,63% |
| Trabalhadores de atendimento ao público | 11,59% | 12,95% |
| Trabalhadores dos serviços | 7,58% | 8,17% |
| Vendedores e prestadores de serviços do comércio | 7,04% | 7,71% |
| Produtores na exploração agropecuária | 32,36% | 36,60% |
| Trabalhadores na exploração agropecuária | 9,91% | 15,24% |
| Pescadores, caçadores e extrativistas florestais | 15,90% | 22,39% |
| Trabalhadores da mecanização agropecuária e florestal | 11,13% | 20,94% |
| Trabalhadores da indústria extrativa e da construção civil | 4,48% | 6,03% |
| Trabalhadores da transformação de metais e de compósitos | 14,10% | 13,62% |
| Trabalhadores da fabricação e instalação eletroeletrônica | 10,46% | 15,04% |
| Joalheiros, vidreiros, ceramistas e afins | 10,19% | 6,91% |
| Trabalhadores das indústrias têxteis, do curtimento, do vestuário e das artes gráficas | 10,22% | 11,73% |
| Trabalhadores das indústrias de madeira e do mobiliário | 9,18% | 9,05% |
| Trabalhadores das indústrias de processos contínuos e outras indústrias | 18,15% | 17,57% |
| Trabalhadores de instalações siderúrgicas e de materiais de construção | 5,86% | 12,15% |
| Trabalhadores de instalações e máquinas de fabricação de celulose, papel, papelão e artefatos | 21,96% | 18,10% |
| Trabalhadores da fabricação de alimentos, bebidas e fumo | 10,94% | 13,03% |
| Operadores de instalações de produção e distribuição de energia, utilidades, captação, tratamento e distribuição de água | 36,74% | 10,30% |
| Trabalhadores de reparação e manutenção mecânica | 5,63% | 6,66% |
| Outros trabalhadores da conservação, manutenção e reparação | 6,03% | 3,42% |

Fonte: IBGE/Pnad (elaboração própria)

Em síntese, constata-se que os trabalhadores de salário de base durante o período recente ampliaram sua dimensão e tornaram-se protagonistas de um importante movimento de mobilização da estrutura social brasileira. A alteração na estrutura ocupacional foi acompanhada da elevação real das remunerações, capaz de potencializar a mobilidade social e a inclusão no mercado de bens e consumo. Por conta disso, os próximos capítulos se propõem a analisar o papel das ocupações de salário de base segundo as principais categorias profissionais.

# 3. O TRABALHO PARA FAMÍLIAS

O presente capítulo trata do trabalho prestado a uma parte das famílias brasileiras – geralmente àquela de maior renda e riqueza –, por meio do seu contínuo exercício no âmbito doméstico. O trabalho doméstico voltado para famílias possui uma determinação diferente daquela do emprego da mão de obra no setor privado, bem como no setor público. Sua existência relaciona-se mais à combinação da concentração da renda e riqueza com a existência de parcela significativa da força de trabalho sobrante às atividades desenvolvidas nos setores públicos e privados.

De maneira geral, a elevação da renda familiar tem sido acompanhada pela difusão do uso de equipamentos domésticos (lavadoras em geral, forno de micro-ondas, entre outros), o que aponta para menor pressão no uso do trabalho doméstico, assim como a universalização de serviços públicos, como creches, centros de acolhimento e outros. Já o processo de alongamento da expectativa média de vida, com o envelhecimento pronunciado, pode tornar mais ampliado o conjunto dos serviços no lar.

Com relação ao plano teórico, destaca-se que o uso e a remuneração dos trabalhadores que sobram à demanda das atividades econômicas, ocupados ou não, tendem a se diferenciar dos setores privado e público. Na visão clássica do pensamento econômico, o trabalho produtivo (nos setores privado e público) se diferencia do trabalho improdutivo (dependente da renda das famílias)[12]. O trabalho produtivo é aquele que agrega valor ao bem ou serviço

---

[12] Destacam-se aqui autores como Adam Smith e Karl Marx, entre outros.

produzido, ou seja, gera valor mais do que suficiente para atender à própria necessidade de manutenção do trabalhador, o que resulta no excedente econômico, que tende a ser apropriado fundamentalmente pelos proprietários dos meios de produção (privado ou público). Assim, a remuneração da mão de obra responsável pelo trabalho produtivo termina sendo antecipado por quem a emprega, na perspectiva de que o valor gerado pelo trabalhador seja superior ao custo de sua própria contratação.

No trabalho improdutivo, por outro lado, a mão de obra alocada gera valor econômico insuficiente para a sua própria manutenção, o que impede a existência de excedente econômico a ser apropriado por outrem. Dessa forma, a presença do trabalho improdutivo, por não gerar valor econômico considerável, exige a apropriação parcial do valor econômico criado pelo trabalho produtivo. Nesse caso, a produção anual de um país não aumenta nem diminui pela existência do trabalho improdutivo, mas isso não significa dizer que a mão de obra ocupada no exercício do trabalho improdutivo não possa ser remunerada de forma equivalente à do empregado no trabalho produtivo, dependendo fundamentalmente da redistribuição do excedente gerado nos setores privado e público. Trata-se, portanto, da existência de instituições regulatórias que garantam isso, como a intensa correlação de forças políticas.

Em síntese, isso está relacionado à disputa em torno da repartição do valor econômico gerado pelo trabalho produtivo entre trabalhadores (produtivos e improdutivos) e proprietários (privados e públicos). Enquanto o comportamento da ocupação no trabalho produtivo depende das variações nas atividades econômicas (privadas e públicas), o desempenho do trabalho improdutivo resulta da dimensão do excedente econômico apropriado pelos proprietários, especialmente daqueles mais ricos.

Ainda segundo a visão clássica do pensamento econômico, o universo de trabalhadores considerados improdutivos faz parte do segmento da força de trabalho sobrante das atividades organizadas pelos setores econômicos privados e públicos. Na maior parte das vezes, esse segmento sobrante da força de trabalho das atividades econômicas exerce ocupações e produção marginais à dinâmica capitalista, mesmo que possa participar do consumo de bens e serviços no mercado ou até mesmo estar eventualmente envolvido em alguma parte das cadeias produtivas.

Quando analisado o segmento de trabalhadores submetidos às atividades de serviços para famílias, observa-se que, no Brasil, ele ainda alcança um importante contingente de pessoas, especialmente de mulheres oriundas da base da pirâmide social brasileira. Por isso que, a seguir, procura-se distinguir a natureza atual do trabalho realizado às famílias e, dentro dele, do trabalho doméstico.

### 3.1. Natureza do trabalho nas unidades familiares brasileiras

A partir da abolição da escravatura, a sistemática da contratação laboral no interior das unidades familiares brasileiras passou a sofrer importantes modificações ao longo do tempo. Com a transição da sociedade agrária para a urbano-industrial, sobretudo após a Revolução de 1930, a incorporação de bens e serviços industrializados no interior das unidades familiares permitiu, de forma gradual, a externalização de considerável parcela de atividades domésticas anteriormente executadas no interior do núcleo familiar, como os serviços de asseio e conservação (limpeza, segurança e manutenção) e pessoais (cabeleireiro, manicure, entre outros).

Também o abandono do Estado mínimo herdado do Império pela República Velha, a partir da década de 1930, possibilitou a difusão dos serviços públicos, tais como educação e saúde. As grandes cidades foram as primeiras beneficiadas pelos novos serviços públicos, capazes de viabilizar e ampliar a terceirização de funções originalmente executadas no interior das unidades familiares.

Apesar disso, parte significativa das atividades desenvolvidas nos lares brasileiros carrega ainda hoje traços somente observados no passado serviçal e escravista. Não somente a remuneração praticada se mantém depreciada, mas também o status do exercício do trabalho humano nas unidades familiares apresenta-se, muitas vezes, extremamente desvalorizado.

Isso ocorre, em grande medida, porque a sistemática de contratação laboral pelas unidades familiares ocorre de maneira muito diferenciada daquela verificada tanto no setor empresarial privado como no setor público. Nas unidades empresariais privadas, instituições públicas ou não governamentais, tende a prevalecer minimamente a proximidade de algum departamento ou pessoal especializado na contratação e gestão da mão de obra para permitir o cumprimento da legislação social e trabalhista, o que geralmente não ocorre nas unidades familiares.

Por outro lado, a determinação da contratação de trabalhadores pelo setor privado acontece segundo a dinâmica macroeconômica (nível de produção e investimento), ao passo que, no setor público, a absorção de empregados relaciona-se à prévia realização de concursos e orçamento previstos por legislação apropriada. De maneira geral, o uso e a remuneração do trabalho nas unidades familiares tendem a não seguir a mesma lógica do empreendimento privado ou do emprego público, impedindo a plena adoção das leis sociais e trabalhistas para o emprego assalariado.

O emprego da mão de obra está associado diretamente ao nível de renda das famílias, embora possa se relacionar com o grau de difusão quantitativo e qualitativo dos bens e serviços públicos e privados existentes localmente. Assim, a presença de creches e/ou escolas infantis de qualidade e próximas das unidades familiares, por exemplo, possibilita a profissionalização terceirizada da prestação de serviços.

Nesse mesmo sentido, convém destacar o peso da situação demográfica das famílias na determinação do perfil dos trabalhadores no interior das unidades familiares. Para sociedades que ultrapassaram a transição demográfica, com menor ênfase dos segmentos em idade mais precoce (crianças e jovens), o uso do trabalho nas unidades familiares tende a se voltar mais à prestação de serviços a pessoas idosas, por exemplo.

No Brasil, desde a liberação do trabalho, possibilitada pela abolição da escravatura, o trabalho doméstico foi perdendo participação relativa no total da ocupação urbana. Até o início do século XX, a ocupação doméstica representava a principal forma de trabalho nas cidades. Em 1900, por exemplo, um em cada dois trabalhadores ocupados exercia alguma atividade nas unidades familiares urbanas brasileiras. Mais de cem anos depois, ainda há quase um posto de trabalho doméstico para cada grupo de dez ocupados em exercício no interior das unidades familiares. (Ver Figura 3.1.)

No ano de 2009, o contingente de ocupados nas unidades familiares era formado por 7,2 milhões de ocupados. Podem ser identificados no trabalho nas unidades familiares dois tipos distintos de contratação laboral: de um lado, a contratação do trabalho mensalista e, de outro, o contrato do trabalho horista/diarista.

Figura 3.1 – Brasil: evolução da participação relativa do trabalho doméstico no total da ocupação urbana (em %)

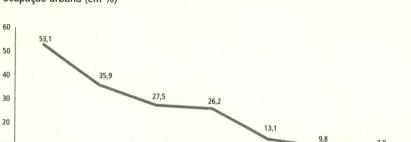

Fonte: IBGE/Censos demográficos e PNAD (elaboração própria)

Para a condição de mensalista, tende a preponderar a relação de trabalho assalariado, geralmente sem a presença do contrato formal. Do total de trabalhadores domésticos, 29,3% exercem sua profissão na condição de horistas/diaristas, ao passo que somente 26,3% possuem o vínculo formal de trabalho definido pela Consolidação das Leis do Trabalho. Na condição de horista, destaca-se o trabalho por conta própria. Dos 2,3 milhões de trabalhadores que desenvolvem atividades em unidades familiares, nem 10% contribuem para a previdência social. (Ver Figura 3.2.)

Entre 1979 e 2009, o emprego com carteira assinada dos trabalhadores domésticos cresceu 0,8% ao ano, em média, pois passou de 21,9% para 27,9%. Se seguir esse ritmo de elevação da formalização da mão de obra tão contido, o Brasil poderá ter de aguardar 120 anos para alcançar a totalidade dos trabalhadores incluídos na proteção social e trabalhista. Atualmente, quase quatro quintos do total dos trabalhadores domésticos permanecem excluídos da legislação social e trabalhista no Brasil.

Tendo em vista que a contratação do trabalho nas unidades familiares possui natureza distinta da dinâmica da relação de trabalho verificada nas unidades empresariais privadas e organizações públicas e não governamentais, as tentativas de formalização da mão de obra doméstica tendem a ser pouco efetivas. Torna-se, portanto, urgente e necessário reconsiderar o regi-

Figura 3.2 – Brasil: composição dos trabalhadores domésticos segundo tipo de ocupação de empregado com e sem carteira assinada (em %)

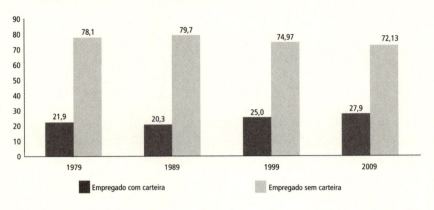

Fonte: IBGE/PNAD (elaboração própria)

me de contratação do trabalho nas unidades familiares, em face da reprodução dos sinais do passado serviçal e escravista.

Em grande medida, isso parece prevalecer por força da disseminação do trabalho nas unidades familiares, diferentemente da forma de prestação de serviços nas empresas do setor público. Ou seja, a ausência da subcontratação do trabalho doméstico pelas famílias a partir da mão de obra ofertada por cooperativas e empresas individuais ou coletivas especializadas e qualificadas. Com a contratação direta do trabalhador por uma unidade familiar substituída pela alocação de cooperativas ou empresas especializadas nas tarefas domésticas (asseio e conservação, segurança, serviços pessoais, entre outros tantos), a experiência da terceirização dos contratos de trabalho adotada pelas empresas privadas e pelos organismos públicos e não governamentais seria instalada no interior das unidades familiares. Entretanto, a prevalência da admissão direta de trabalhadores pelas unidades familiares dificulta a profissionalização dos serviços gerais e especializados.

Pela organização empregadora de trabalhadores terceirizados, a oferta dos serviços às unidades familiares permitiria a profissionalização das atividades em conformidade com a especialização ou generalidade da função a ser executada (cuidador de criança ou de idoso, serviços gerais, como limpeza, alimentação, segurança, entre outros). Os empreendimentos ofertantes de serviços às unidades familiares contratariam somente trabalhadores protegidos pela legislação social e trabalhista.

Nesse sentido, os empreendimentos de terceirização também assumiriam a função de qualificar os trabalhadores para as distintas tarefas de atendimento às unidades familiares, bem como a própria gestão do recurso humano durante o período em que prevalecer a contratação dos serviços. Com a profissionalização do trabalho ofertado às famílias, tenderiam a aumentar a produtividade, a qualidade e a segurança dos serviços prestados. Para os trabalhadores em unidades familiares, deveriam ser garantidas condições e relações de trabalho definidas pelo código do trabalhador terceirizado, a ser criado conforme projetos de lei e propostas apresentadas, atualmente em discussão (proteção aos riscos do trabalho doméstico, como morte, invalidez, desemprego, entre outros). Além da organização da representação de interesses de trabalhadores terceirizados e dos empreendimentos de terceirização de serviços às famílias, caberia ao Ministério do Trabalho e Emprego e ao Ministério Público do Trabalho as tarefas de fiscalização das normas contratuais, assim como caberia à Justiça do Trabalho a resolução dos conflitos de interesses.

A constituição do setor empregador de trabalho para unidades familiares no Brasil deveria implicar a abertura estimada de 450 mil a 1,2 milhão de novos empreendimentos, dependendo da forma principal de organização administrativa (cooperativa ou empresa individual e coletiva). Apenas para servir ao novo princípio organizacional do trabalho nas unidades familiares, pode-se prever a abertura de 500 mil a 2 milhões de novas ocupações de administração e gestão profissionalizada.

Tudo isso, contudo, implica elevar de forma absoluta e relativa as despesas com a contratação do trabalho pelas unidades familiares, fazendo com que a terceirização da prestação doméstica de serviços fosse cada vez mais dirigida para as residências com maior capacidade de pagamento. No Brasil, estima-se que não mais do que 31% das famílias detenham essa condição (15 milhões de unidades familiares). Tal participação pode ser considerada relativamente alta em virtude da enorme concentração de renda existente no país, uma vez que nos países desenvolvidos o total de famílias com possibilidade de sustentar o trabalho doméstico não atinge 20%.

Com a terceirização do trabalho nas unidades familiares, o custo estimado em 1,8% do total das despesas familiares sofreria acréscimo de 60%[13], ou seja, o uso e a remuneração do trabalho doméstico passariam para 2,9% da despesa total das famílias. Mesmo assim, a despesa do trabalho no lar ainda seria equivalente aos custos relativos com telefonia (2,9%) e com serviços bancários, previdência privada e pensões e doações (3,3%).

As famílias de baixa renda que utilizam o trabalho familiar – e pagam geralmente valores reduzidos de remuneração aos serviços – teriam maiores dificuldades de acessar a terceirização dos contratos de trabalho. Nesse caso, caberia uma ação efetiva por parte do serviço público para universalizar o atendimento de creche e o atendimento de saúde, segurança etc no lar.

Também com relação aos trabalhadores domésticos de remuneração contida, que tenderiam a ter dificuldades de prosseguir na mesma função por decorrência da terceirização dos contratos de trabalho, caberia uma ação pública efetiva. Caberia também a implementação de políticas específicas, desde a identificação desse público específico até sua requalificação e seu consequente encaminhamento para outras formas de ocupação.

### 3.2. Dimensão do trabalho de prestação de serviços para famílias

A partir da agregação de diferentes ocupações registradas pelo IBGE que se relacionam ao trabalho de prestação de serviços diretos e indireto às famílias, foi possível identificar, para o ano de 2007, o universo de 23,6 milhões de trabalhadores ocupados no Brasil[14]. Quase a metade desse total encontra-

---

[13] Para o ano de 2006, estima-se uma despesa mensal com pessoal nas unidades familiares de R$ 3,3 bilhões, para um conjunto de 9,1 milhões de ocupados. Com a terceirização do contrato de trabalho nas unidades familiares, a despesa mensal se elevaria para R$ 5 bilhões, a ser comprometida por 7,2 milhões de trabalhadores. Ou seja, com a elevação de 60% no custo de contratação, 20,8% dos postos de trabalho (1,9 milhão) com remuneração de até meio salário mínimo mensal que atendem famílias com remuneração de até dois salários mínimos mensais deixariam de existir.

[14] Entre as ocupações selecionadas estão os trabalhadores de vigia, segurança doméstica, cozinheiro(a), camareiro(a), copeiro(a), auxiliar de governanta, arrumadeiro(a), cabeleireiro(a), depilador(a), motorista particular, dama de companhia, acompanhante, monitor(a), trabalhador(a) doméstico(a), auxiliar de limpeza, piloto de aeronave ou embarcação particular, entre outros.

-se na região Sudeste (11,5 milhões de ocupados), seguida pela região Nordeste, que responde por um quarto do total de trabalhadores voltado para famílias. (Ver Figura 3.3.)

Figura 3.3 – Brasil: pessoas com 10 anos ou mais em ocupações de serviços para famílias em 2007

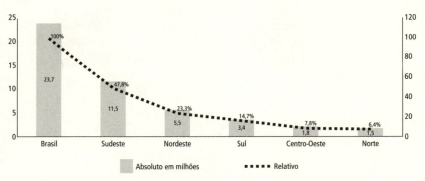

Fonte: IBGE/PNAD (elaboração própria)

No ano de 1996, o Brasil registrou o total de 17,3 milhões de trabalhadores ocupados nas atividades de prestação de serviços. Em onze anos, a quantidade de ocupados aumentou 37,91% (2,9% ao ano), ao passo que a ocupação total cresceu 35,5% (2,8% ao ano).

Quando contrastada com o universo das ocupações brasileiras, constata-se que somente a mão de obra envolvida na prestação de serviços para famílias representa quase um em cada três trabalhadores do país. Apesar de responder por mais de 30% do total de ocupações, percebe-se também que a remuneração auferida tende a ser relativamente baixa, significando pouco mais de um quinto do total do rendimento dos trabalhadores brasileiros ocupados no ano de 2007. (Ver Figura 3.4.)

Onze anos antes, as ocupações de prestação de serviços para famílias representavam 29,9% do total da ocupação e 23,4% da massa de rendimento do país. Ou seja, para uma mesma participação relativa no total da ocupação, havia maior peso da remuneração dos trabalhadores de prestação de serviços no total da remuneração. Se o parâmetro for o universo das famílias do país, registra-se que 35,1% delas dependem do trabalho exercido para famílias para poder sobreviver. Isto é, 20,8 milhões de famílias no Brasil possuem pelo menos

Figura 3.4 – Brasil: participação relativa das pessoas com 10 anos ou mais em ocupações de serviços para famílias no total da ocupação e das remunerações em 1996 e 2007 (em %)

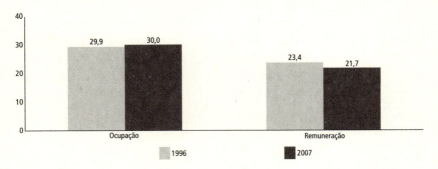

Fonte: IBGE/PNAD (elaboração própria)

Figura 3.5 – Brasil: distribuição das famílias que possuem pessoas com 10 anos ou mais em ocupações de serviços para famílias em 2007 (em mil)

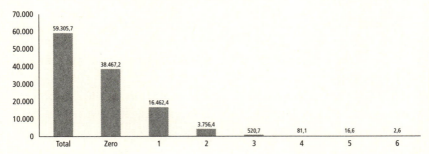

Fonte: IBGE/PNAD (elaboração própria)

um membro desenvolvendo atividades de prestação de serviços a famílias. Há o caso, por exemplo, de 4,4 milhões de famílias (7,4% do total) que possuem dois ou mais membros ocupados nesse tipo de trabalho. (Ver Figura 3.5.)

No ano de 1996, o universo de unidades familiares com a presença de um ou mais membros exercendo atividades de prestação de serviços a famílias era de 13,1 milhões, o que equivaleu a 30,6% do total. Em onze anos, a quantidade de famílias dependentes desse tipo de prestação de serviços aumentou 58,8%. Dos 23,7 milhões de trabalhadores que exercem atividades para famílias no Brasil, quase 61% estão distantes da legislação social e trabalhista (14,4 milhões). Assim, somente 9,3 milhões de ocupados nas atividades de prestação de serviços a famílias são assalariados com carteira assinada. A maior parte dos trabalhadores que prestam serviço para famílias no Brasil é contratada pelo regime de assalariamento (17,7 milhões). Em consequência, resta menos de um quarto do total dos ocupados no trabalho para famílias na condição de autônomos. (Ver Figura 3.6.)

Figura 3.6 – Brasil: composição de pessoas com 10 anos ou mais em ocupações de serviços para famílias de alta renda em 2007 (em milhões)

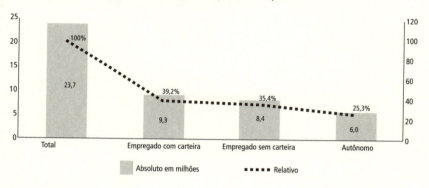

Fonte: IBGE/PNAD (elaboração própria)

De maneira geral, os trabalhadores ocupados nas atividades para famílias pertencem ao segmento de baixa remuneração. Em média, recebem mensalmente 1,7 salário mínimo. Na região Sul, a remuneração média dos trabalhadores é a mais alta do país (2 s.m.), ao passo que, na região Nordeste, concentra-se a menor remuneração média paga mensalmente (1,2 s.m.). (Ver Figura 3.7.)

Mais da metade (12,1 milhões) dos trabalhadores ocupados nas atividades de prestação de serviços para famílias recebe até um salário mínimo mensal. Apesar disso, observa-se a presença de uma elite no conjunto dessa mão de obra (813 mil trabalhadores), cuja remuneração mensal supera cinco salários mínimos. (Ver Figura 3.8.)

Isso se deve fundamentalmente à existência de postos de trabalho de especialização mais sofisticada, sobretudo nas ocupações como a de pilotos de

Figura 3.7 – Brasil: rendimento médio das pessoas com 10 anos ou mais em ocupações de serviços para famílias em 2007 (em múltiplos do salário mínimo oficial)*

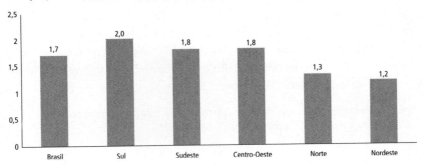

Fonte: IBGE/PNAD (elaboração própria)
* S.m. = R$ 380,00

Figura 3.8 – Brasil: composição das pessoas com 10 anos ou mais em ocupações de serviços para famílias por faixa de salário mínimo de 2007 (em milhão)

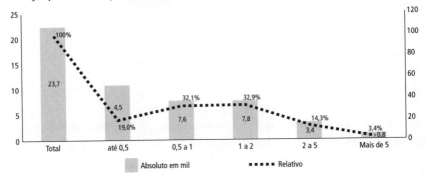

Fonte: IBGE/PNAD (elaboração própria)

aeronaves (jatos e helicópteros) ou embarcações particulares, dos serviços de administração de propriedade (bens, imóveis e aplicações financeiras) e de atendimento pessoal (*personal trainer* e *personal stylist*, damas de companhia e consultorias em geral, entre outros). Esses postos de trabalho especializados, que remuneram relativamente melhor, concentram tão somente 3,4% do total da ocupação nas atividades para famílias.

Quase 60% dos trabalhadores do setor de atividades familiares encontram-se agrupados como domésticos (26,6%), limpeza e vigilância (9,7%) e atendimento familiar tradicional (20,7%), representado por *baby sitter*, motorista particular, manicure, copeiro, entre outros. As demais ocupações no trabalho para famílias respondem por mais de um terço do total da ocupação (guardador de carros, alfaiate, recepcionista etc.). (Ver Figura 3.9)

Figura 3.9 – Brasil: principais ocupações de pessoas com 10 anos ou mais nos serviços para famílias em 2007

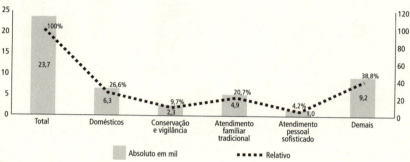

Fonte: IBGE (elaboração própria)

Do total das famílias brasileiras, cerca de 13% (7,7 milhões) utilizam ,contínua e diretamente, trabalhadores ocupados em prestação de serviços. Sete milhões de famílias (12% do total) utilizam, no limite, até dois trabalhadores ocupados nessa classe de atividades. No caso de 1% das famílias brasileiras (600 mil), ocorre a dependência, em média, de vinte trabalhadores prestadores de serviços de características familiares.

A importância da ocupação e da renda auferida pelos trabalhadores nas ocupações de prestação de serviços para as famílias torna-se mais evidente quando se compara com o total dos postos de trabalho no Brasil. Do total de 90,6 milhões de trabalhadores ocupados no Brasil em 2007, o setor público representou, por exemplo, menos de 7% das ocupações, ao passo que o setor privado respondeu por cerca de dois terços das vagas nacionais.

No caso do total das remunerações do país, o setor público representa um pouco mais de 13%, ao passo que o setor privado alcançou 65%. Em consequência, o segmento dos trabalhadores para famílias respondeu por menor parcela relativa no total da remuneração que o peso na ocupação global. (Ver Figuras 3.10 e 3.11.)

## 60  Nova classe média?

Figura 3.10 – Brasil: distribuição do total das ocupações de pessoas com 10 anos ou mais e da remuneração por setores agregados de atividades em 2007 (em %)

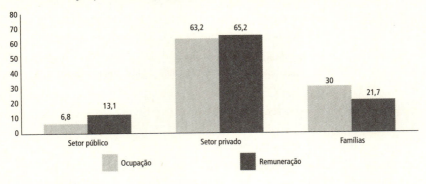

Fonte: IBGE (elaboração própria)

Figura 3.11 – Brasil: participação dos trabalhadores com 10 anos nos serviços para famílias no total da ocupação em 2007 (total = 100%)

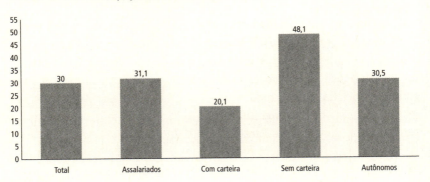

Fonte: IBGE (elaboração própria)

De qualquer maneira, a ocupação de prestação de serviços para famílias caracteriza-se não somente pela baixa remuneração, mas também pela precarização do emprego da mão de obra. Mesmo representado menos de um terço do total das ocupações do país, esse segmento responde por um a cada dois postos de trabalho assalariados sem carteira assinada, além de absorver 30,5% das vagas de autônomos que geralmente funcionam sem proteção social e trabalhista no Brasil.

## 3.3. Evolução e principais características do trabalho doméstico

Durante as últimas quatro décadas, o trabalho doméstico no Brasil sofreu importantes alterações. Segue ainda sendo uma ocupação fundamentalmente exercida pelo sexo feminino, ainda que entre os anos 1970 e 2009 a presença masculina tenha passada do residual 2,3% para 6,4%. No ano de 2009, o trabalho doméstico respondia por 17% das ocupações femininas, atingindo quase 20% nas regiões Centro-Oeste e Nordeste. Ademais, essa ocupação é exercida de forma recorrente por mulheres não brancas, que ocupam dois de cada três postos de trabalho doméstico.

No período de 1970 a 2009, a quantidade de trabalhadores domésticos no Brasil foi multiplicada por 4,4 vezes, pois passou de 1,3 milhão para 5,9 milhões de pessoas ocupadas. Tendo em vista que a ocupação total no Brasil foi multiplicada por 3,8 vezes, a participação do trabalho doméstico aumentou de 5,5%, em 1970, para 6,4%, em 2009. No ano de 1999, contudo, a parcela relativa de trabalhadores domésticos no total da ocupação alcançou 7,4%.

Do conjunto de trabalhadores que desenvolvem atividades no interior das unidades familiares, 70,7% exercem na condição de mensalistas e 29,3%, na condição de horistas. O total de ocupados em unidades familiares responde por 12,6% do total das ocupações urbanas, embora absorva somente 4,6% do total do rendimento do trabalho do país. Quatro em cada grupo de cinco ocupados nas unidades familiares recebem mensalmente até um salário mínimo oficial. Para os trabalhadores na condição de mensalistas, menos de 29% possuem menos de doze meses de vínculo na mesma unidade familiar, 40,2% mantêm relações de trabalho entre um e quatro anos e 30,9% trabalham por mais de quatro anos na mesma unidade familiar. (Ver Figura 3.12.)

Do total de trabalhadores brasileiros em atividade nas unidades familiares, quase 97% deles possuem remuneração de até dois salários mínimos mensais. Não obstante o contido rendimento auferido, destaca-se que tal remuneração corresponde a quase 40% da renda familiar dos trabalhadores domésticos brasileiros.

No caso das famílias que contratam o trabalho doméstico, percebe-se uma enorme concentração daquelas com maior rendimento. Ou seja, quase 87%

Figura 3.12 – Brasil: evolução do trabalho doméstico

| Ano | Total de ocupados domésticos | Em relação ao total dos domésticos |
|---|---|---|
| 1970 | 1.347.292 | 5,5 |
| 1979 | 2.580.256 | 6,1 |
| 1989 | 3.462.210 | 5,7 |
| 1999 | 5.334.533 | 7,4 |
| 2009 | 5.940.694 | 6,4 |

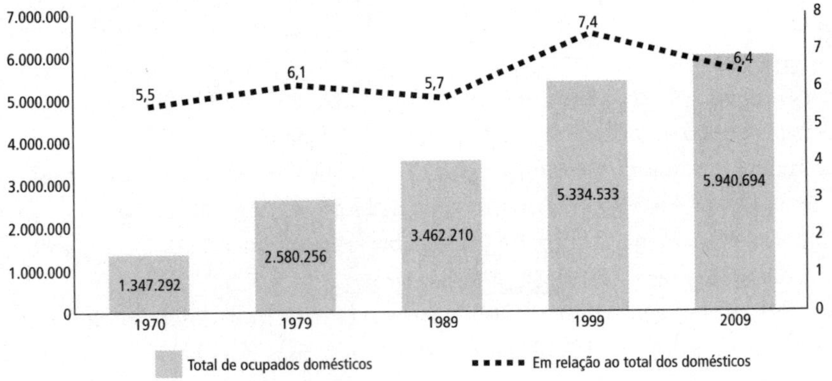

Fonte: IBGE/PNAD (elaboração própria)

da despesa com a contratação de trabalhadores domésticos são efetuados por famílias com rendimento mensal acima de cinco salários mínimos. No Brasil, o pagamento do trabalho doméstico representa 1,6% do total das despesas das famílias brasileiras, parcela relativamente menor que as despesas com energia elétrica (2,2%), telefone (2,4%) e remédios (2,2%). Para as famílias com renda de oito ou mais salários mínimos mensais, o pagamento das atividades laborais na unidade familiar representa 1,9% do total das despesas, próximo do comprometimento mensal com viagens (1,6%), pensões e doações (1,9%) e com previdência privada (1,6%). Esse segmento familiar, que representa 15% do total das famílias do país, responde por 83,5% do total das despesas realizadas com a contratação do trabalho doméstico do país. (Ver Figura 3.13.)

A identificação da ocupação de doméstico ao trabalho na base da pirâmide social está associada à prevalência da baixa remuneração. O rendimento mensal de até 1,5 salário mínimo responde por mais de 90% das ocupações, sem grandes alterações nas últimas quatro décadas. No ano de 2009, a faixa de até 1,5 salário mínimo compreendia quase 93% dos trabalhadores domésticos, ao passo que, em 1970, alcançava 97,4% do total. Ou seja, uma redução de apenas 4,8% em quase quarenta anos. (Ver Figura 3.14.)

Entre as décadas de 1970 e 2000, constata-se a mudança radical na distribuição etária dos ocupados no trabalho doméstico brasileiro. No ano de

Figura 3.13 – Brasil: distribuição dos ocupados nas unidades familiares e da despesa com o trabalho doméstico pago pelas famílias segundo faixas de salário mínimo (em %)

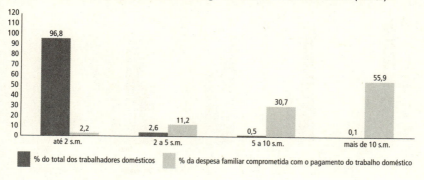

Fonte: IBGE/PNAD e POF (elaboração própria)

Figura 3.14 – Brasil: evolução da composição dos trabalhadores domésticos segundo faixas de remuneração (em %)

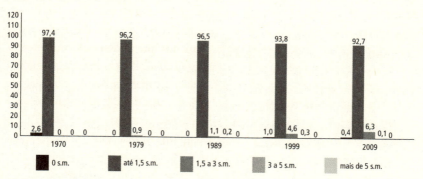

Fonte: IBGE/PNAD (elaboração própria)

2009, menos de 13% dos trabalhadores domésticos tinham até 24 anos de idade, ao passo que, em 1970, eram quase 61%. Em compensação, aumentou a presença da faixa etária de 25 a 44 anos, que já compreende a maioria dos postos de trabalho domésticos, pois passou de 29,1%, em 1970, para 55,8%, em 2009. Também a faixa etária de 45 a 64 anos teve sua participação relativa aumentada, passando de 9,3% para 29,9% no mesmo período. (Ver Figura 3.15.)

Figura 3.15 – Brasil: composição etária do trabalhador doméstico ocupado (em %)

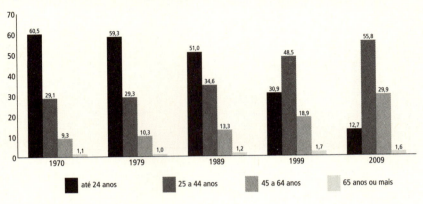

Fonte: IBGE/PNAD (elaboração própria)

Com relação à escolaridade, constata-se outra alteração importante. No ano de 2009, quase um quinto dos ocupados no trabalho doméstico possuía dez anos ou mais de estudos, ao passo que, até o final da década de 1980, essa parcela não alcançava nem 2% do total. Dez anos ou mais de estudos correspondem ao ensino médio e superior.

Até a década de 1980, mais da metade dos ocupados com o trabalho doméstico possuíam, em anos de estudos, o equivalente ao quinto ano do ensino fundamental. Em 2009, menos de um terço dos ocupados no trabalho doméstico havia estudado até quatro anos. A parcela dos trabalhadores domésticos sem estudos sofreu um decréscimo de 31,3%, em 1970, para 10%, em 2009. (Ver Figura 3.16.)

Por fim, destaca-se a composição raça/cor. A ocupação de trabalhador doméstico no Brasil continua sendo, cada vez mais, de pessoas não brancas. Em 1989, quase 49% dos ocupados eram brancos; em 2009, essa parcela reduziu-se para menos de 38%. (Ver Figura 3.17.)

Com relação ao local de realização do trabalho doméstico, constata-se a crescente importância do trabalho doméstico nas cidades que não fazem parte das regiões metropolitanas. Em 2009, mais de 57% dos ocupados pertenciam às regiões urbanas não metropolitanas, ao passo que, em 1979, eram apenas 46,4% dos trabalhadores domésticos. Em contrapartida, o trabalho doméstico perde participação relativa nas áreas rurais e nas regiões metropo-

Figura 3.16 – Brasil: evolução da composição dos trabalhadores segundo a faixa de escolaridade (em %)

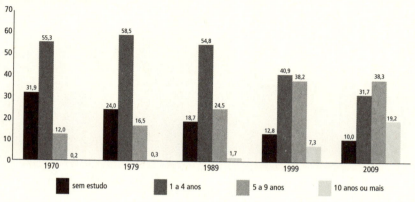

Fonte: IBGE/PNAD (elaboração própria)

Figura 3.17 – Brasil: composição dos trabalhadores domésticos segundo cor/raça (em %)

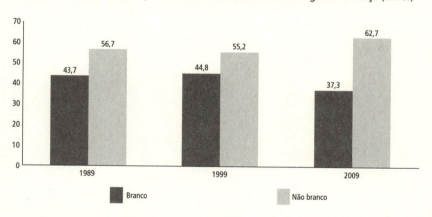

Fonte: IBGE/PNAD (elaboração própria)

litanas. No ano de 2009, essas duas áreas respondiam por quase 48% das ocupações, ao passo que, em 1970, eram quase 57% do trabalho doméstico brasileiro. (Ver Figura 3.18.)

No mesmo sentido, verifica-se que o trabalho doméstico cresceu relativamente nas regiões Norte, Nordeste e Centro-Oeste, que respondiam por me-

Figura 3.18 – Brasil: composição dos trabalhadores domésticos segundo região geográfica (em %)

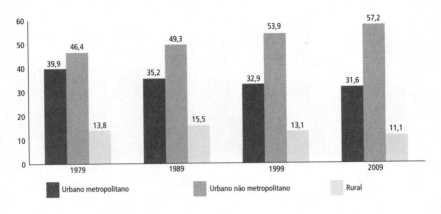

Fonte: IBGE/PNAD (elaboração própria)

Figura 3.19 – Brasil: composição dos trabalhadores domésticos segundo grande região geográfica (em %)

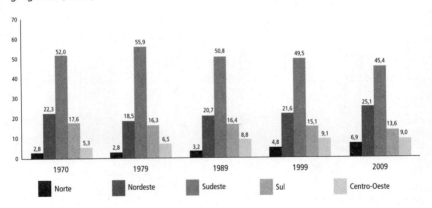

Fonte: IBGE/PNAD (elaboração própria)

nos de um terço do total em 1970 e passaram a representar 41% em 2009. Tudo isso em função da perda de importância relativa das ocupações domésticas nas regiões Sul e Sudeste, que ainda respondem pela maior parte do total da ocupação. (Ver Figura 3.19.)

Por força da elevada informalização das relações de trabalho, com forte presença da baixa remuneração, a ocupação de trabalho doméstico persiste desassociada da participação sindical. No ano de 2009, 2,2% dos trabalhadores domésticos estavam sindicalizados; entretanto, em 2009, esses trabalhadores representaram somente 1%. (Ver Figura 3.20.)

Figura 3.20 – Brasil: taxa de sindicalização nas ocupações de trabalho doméstico (em %)

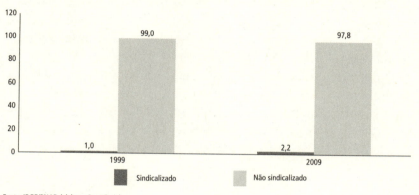

Fonte: IBGE/PNAD (elaboração própria)

Em suma, percebe-se a importância do avanço recente do trabalho na base da pirâmide social, representado, em parte, pela ocupação exercida no interior das unidades familiares no Brasil. Ao mesmo tempo, ressaltam-se as especificidades dessa atividade laboral em relação à dinâmica da contratação nas empresas privadas, no setor público e nos organismos não governamentais.

Diante da perspectiva de predominância do trabalho doméstico desenvolvido ainda sob características herdadas da escravidão, destacou-se a importância da revisão do regime contratual, capaz de permitir a estruturação do setor empregador de mão de obra terceirizada às atividades em unidades familiares. Considerando-se também a tendência da sociedade pós-industrial de expansão da demanda por trabalho nas unidades familiares, a terceirização da contratação do trabalho doméstico apresenta-se cada vez mais contemporânea com a universalização do acesso aos direitos sociais e trabalhistas no Brasil.

Além da extensão do sistema de proteção social e trabalhista a quase um de cada dez ocupados no Brasil, emerge a oportunidade da oferta de serviços de melhor qualidade, produtividade e segurança no interior das unidades familiares. O novo regime contratual poderia implicar, contudo, não somente o rearranjo institucional, mas também a estruturação do setor empregador, que passaria a ser subcontratado pelas famílias de maior renda.

O aumento de custos na contratação do trabalho nas unidades familiares é estimado em 60% ao atualmente, com a elevação de 500 mil a 1,2 milhão de novas vagas no segmento empregador terceirizado e aumento da folha de pagamento de mensalistas e horistas. Por outro lado, estima-se também a redução de 1,9 milhão das ocupações de trabalhadores domésticos com até meio salário mínimo mensal atualmente realizados nas unidades familiares de baixa renda.

O melhor entendimento do trabalho doméstico atual abre a possibilidade de organização e estruturação dos contratos de trabalho nas unidades familiares. Para isso, é necessário sistematizar os dados oficiais que permitem desvendar a situação do trabalho exercido nas unidades familiares no Brasil e seu significado para as ocupações na base da pirâmide social.

# 4. O TRABALHO NAS ATIVIDADES PRIMÁRIAS E AUTÔNOMAS

A passagem tardia da sociedade agrária para a urbano-industrial no Brasil, associada à estruturação incompleta do mercado de trabalho, manteve presente o exercício de ocupação na base da pirâmide social vinculada ao setor primário e às atividades laboriais de natureza autônoma, ou seja, não submetida ao assalariamento urbano e rural. Como trabalho no setor primário identifica-se o conjunto das atividades laborais na agricultura, na pecuária e no extrativismo mineral e vegetal; as ocupações autônomas, por sua vez, referem-se àquelas que, em geral, são desempenhadas por natureza própria, sem subordinação e nem sempre com a presença de algum meio de produção, pois isso seria próprio das atividades de empregadores.

Conforme se pode observar nas páginas a seguir, o conjunto do trabalho nas atividades autônomas e do setor primário está fortemente ocupado pela baixa remuneração – não mais de 1,5 salário mínimo mensal. Nesse sentido, o presente capítulo busca colocar foco nessas atividades laborais que permanecem ativas e fortemente ocupadas por trabalhadores de baixa remuneração, por força da estruturação incompleta do mercado de trabalho brasileiro, bem como pela ausência de regulação social e trabalhista adequada.

## 4.1. Movimento geral da ocupação no setor primário

As ocupações do setor primário agregam as atividades pertencentes ao exercício do trabalho na agricultura, na pecuária e no extrativismo mineral e vegetal, e, além da diversidade nas atividades econômicas do setor primário, destaca-se a heterogeneidade imanente no conjunto das ocupações, uma vez que se trata de organizações produtivas diferenciadas.

No âmbito da agricultura, por exemplo, ganham relevâncias as atividades que se distinguem pela natureza do trabalho, como no caso das ocupações familiares e das exercidas empresarialmente, especialmente pela identificação do agronegócio. Em geral, prevalece o assalariamento na agricultura empresarial e, na agricultura familiar, o trabalho não assalariado, para o próprio negócio rural.

Em conformidade com as informações oficiais disponíveis, o trabalho no setor primário da economia brasileira compreende a prevalência dos baixos salários. No ano de 2009, por exemplo, mais de 87% do total dos ocupados recebiam até 1,5 salário mínimo mensal, levemente acima do verificado em 1989. Já nos anos 1970, 1979 e 1999, os trabalhadores com remuneração de até 1,5 salário mínimo mensal chegaram a representar mais de 90% do total das ocupações no setor primário. (Ver Figura 4.1.)

Figura 4.1 – Brasil: evolução da composição dos trabalhadores do setor primário segundo faixas de remuneração (em %)

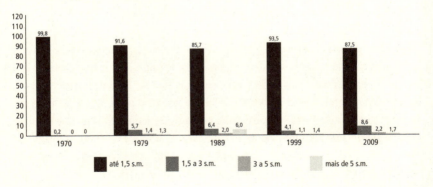

Fonte: IBGE/PNAD (elaboração própria)

Tendo em vista a concentração das ocupações para trabalhadores de salário de base, verifica-se que o setor primário do sistema produtivo nacional caracteriza-se por postos de trabalho para a base da pirâmide social brasileira.

Em 2009, por exemplo, pouco mais de 15% do conjunto dos trabalhadores encontravam-se ocupados no setor primário, o que equivaleu a 15,6 milhões pessoas. Se comparado com o ano de 1999, percebe-se a diminuição da quantidade de ocupados, que reduziu em cerca de 600 mil ocupações.

Até a década de 1990, o setor primário registrava elevação absoluta na quantidade de ocupados, superior ao conjunto do país, implicando seu crescimento relativo. Em 1999, eram 17,2 milhões de ocupados no setor primário, ao passo que, em 1970, foram 11,2 milhões, ou seja, 6 milhões a mais de novos de postos de trabalho gerados no Brasil. (Ver Figura 4.2.)

Figura 4.2 – Brasil: evolução da quantidade de trabalhadores no setor primário e sua participação relativa no total da ocupação

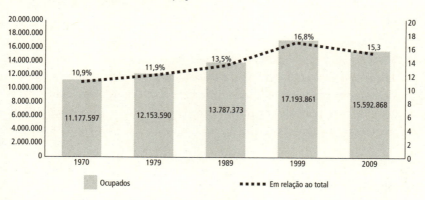

Fonte: IBGE/PNAD (elaboração própria)

Em grande medida, o comportamento da dinâmica das ocupações do setor primário repercutiu na composição etária do total dos ocupados. Até o final da década de 1980, os trabalhadores jovens (até 24 anos) dominavam o total das ocupações, com crescente ampliação de sua participação relativa, ao contrário dos demais segmentos etários.

A partir dos anos 1990, contudo, todas as faixas etárias aumentaram seu peso na composição de idade entre o total dos ocupados, salvo o segmento de até 24 anos. Essa inversão na trajetória etária dos ocupados propiciou ao segmento de 25 a 44 anos a maior parcela entre os ocupados, seguidos daqueles com idade entre de 45 e 64 anos. (Ver Figura 4.3.)

Figura 4.3 – Brasil: composição etária do trabalhador do setor primário (em %)

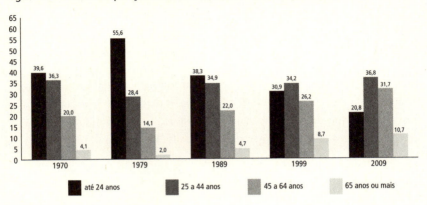

Fonte: IBGE/PNAD (elaboração própria)

Também do ponto de vista da escolaridade pode-se observar uma inversão na trajetória dos ocupados do setor primário. Inicialmente, nota-se a tendência de redução crescente da quantidade de trabalhadores sem escolaridade, que em 2009 respondeu por um quarto do total dos ocupados. Em 1970, esse segmento respondia por quase 60% dos ocupados. (Ver Figura 4.4.)

Figura 4.4 – Brasil: evolução da composição do trabalhador do setor primário segundo a faixa de escolaridade (em %)

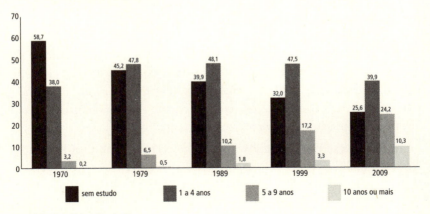

Fonte: IBGE/PNAD (elaboração própria)

Por outro lado, constata-se que, simultaneamente à redução dos trabalhadores sem escolaridade, houve a expansão relativa dos ocupados com maior quantidade de anos de estudos. Nos dias de hoje, os trabalhadores com até quatro anos de estudos ainda dominam o conjunto dos ocupados, embora venha perdendo importância para o segmento de cinco a nove anos de escolaridade. Os trabalhadores com dez anos ou mais de estudos, que até o final da década de 1980 não representavam 2% do total, representam quase 11% dos ocupados no setor primário.

Com relação à cor/etnia dos ocupados, percebe-se que as ocupações no setor primário continuam sendo desenvolvidas sobretudo por trabalhadores não brancos. No ano de 2009, por exemplo, dois terços dos ocupados eram não brancos, porém em 1991 os não brancos representavam menos de 54%. (Ver Figura 4.5.)

Figura 4.5 – Brasil: composição do trabalhador do setor primário segundo cor/raça (em %)

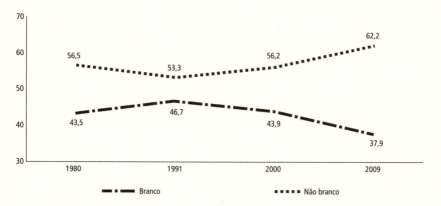

Fonte: IBGE/PNAD (elaboração própria)

Em relação ao gênero dos trabalhadores do setor primário, constata-se uma trajetória recente de rápida ascensão da presença feminina. No ano de 2009, as mulheres ainda não respondiam por um terço do total das ocupações, mas em 1970 eram menos de 10%. De todo o modo, as ocupações do setor primário continuam sendo preenchidas fundamentalmente por trabalhadores do sexo masculino. (Ver Figura 4.6.)

## 74  Nova classe média?

Figura 4.6 – Brasil: composição do trabalhador do setor primário segundo sexo (em %)

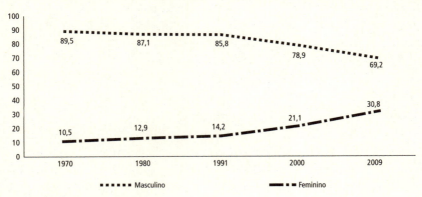

Fonte: IBGE/PNAD (elaboração própria)

Além disso, percebe-se queda leve e contínua do peso relativo das atividades rurais exercidas pelo conjunto dos trabalhadores do setor primário. No fim da primeira década de 2000, menos de 71% das ocupações do setor primário eram exercidas no meio rural, ao passo que, em 1979, compreendiam quase 72% do total dos trabalhadores. (Ver Figura 4.7.)

Figura 4.7 – Brasil: composição dos trabalhadores do setor primário segundo região geográfica (em %)

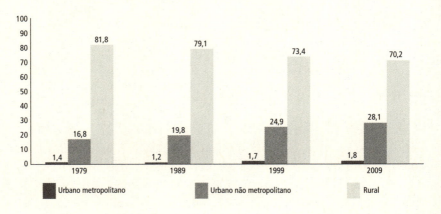

Fonte: IBGE/PNAD (elaboração própria)

As atividades exercidas no meio urbano absorveram uma parcela do trabalho no setor primário. Em 1979, menos de 17% dos trabalhadores do setor primário encontravam-se no meio urbano não metropolitano e somente 1,4% no meio urbano metropolitano. Trinta anos depois, o meio urbano não metropolitano responde por 28,1% do total do trabalho no setor primário; o meio urbano metropolitano, contudo, segue com menos de 2% do total.

Durante os últimos trinta anos, a composição dos trabalhadores do setor primário nas grandes regiões geográficas brasileiras não sofreu alterações significativas. A região Nordeste permanece sendo a responsável pela maior presença das ocupações do setor primário e a Centro-Oeste, a de menor importância relativa. (Ver Figura 4.8.)

Figura 4.8 – Brasil: composição dos trabalhadores do setor primário segundo grande região geográfica (em %)

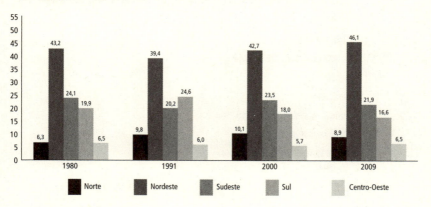

Fonte: IBGE/PNAD (elaboração própria)

Comparativamente ao ano de 1980, registra-se no ano de 2009 que as regiões Nordeste e Norte aumentaram levemente suas participações relativas entre o total dos ocupados no setor primário. Em compensação, as regiões Sul e Sudeste reduziram seu peso relativo, ao passo que a região Centro-Oeste manteve inalterada a sua participação entre os ocupados no setor primário brasileiro.

# 76 Nova classe média?

Figura 4.9 – Brasil: composição das ocupações dos trabalhadores do setor primário segundo os estados da federação (em %)*

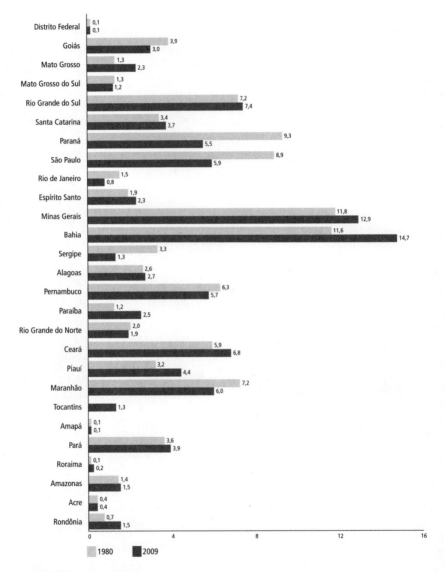

Fonte: IBGE/PNAD (elaboração própria)
* Tocantins não apresenta nenhum dado referente a 1980 porque esse estado foi criado mais tarde, em 1988.

Se considerada a evolução da participação relativa dos estados da federação durante as últimas três décadas, constatam-se importantes alterações na composição geográfica das ocupações no setor primário. Inicialmente, destaca-se que nove estados do conjunto da federação perderam participação relativa no total dos trabalhadores do setor primário, ao passo que catorze aumentaram relativamente o peso das ocupações. Somente os estados do Acre e do Amapá e o Distrito Federal mantiveram suas posições relativas entre 1980 e 2009.

A maior elevação no peso relativo no total da ocupação do setor primário ocorreu na Bahia (de 11,6% para 14,7%). Em compensação, a maior redução se deu no estado do Paraná (de 9,3% para 5,5%). (Ver Figura 4.9 na p. 76.)

Diante da evolução das ocupações no setor primário brasileiro na passagem do século XX, pode-se constatar ainda o envolvimento dos trabalhadores com a filiação sindical. No ano de 2009, por exemplo, um trabalhador a cada quatro do setor primário estava filiado a um sindicato, ao passo que, em 1999, somente 16,4% do total dos trabalhadores eram sindicalizados. (Ver Figura 4.10.)

Figura 4.10 – Brasil: taxa de sindicalização nas ocupações de trabalho do setor primário (em %)

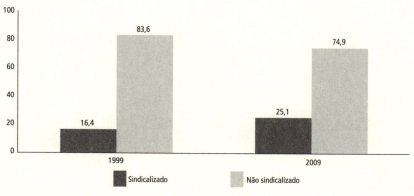

Fonte: IBGE/PNAD (elaboração própria)

Uma vez apresentadas brevemente as principais características dos trabalhadores do setor primário, pode-se tratar das ocupações autônomas. O período analisado também considera a evolução desde a década de 1970.

## 4.2. Características do trabalho autônomo

O conjunto do trabalho não assalariado de natureza autônoma, que expressa a quase insubordinação por conta do trabalho independente, vem respondendo pela parcela crescente do total das ocupações brasileiras. Em 2009, por exemplo, o trabalho autônomo era exercido por 22,9 milhões de ocupados, o que significou praticamente um quarto de todos os postos de trabalho do país. Quatro décadas antes, em 1970, 7,2 milhões de pessoas eram trabalhadoras autônomas, o que representava apenas 6,3% do total de ocupados. (Ver Figura 4.11.)

Figura 4.11 – Brasil: evolução dos trabalhadores autônomos

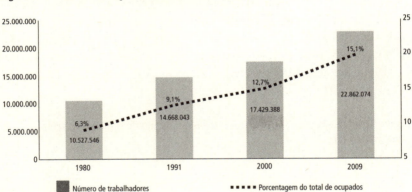

Fonte: IBGE/PNAD (elaboração própria)

A cada grupo de três ocupações autônomas, duas podem ser atribuídas aos trabalhadores de salário de base, pertencentes à base da pirâmide social brasileira. No ano de 2009, 69% dos autônomos recebiam até 1,5 salário mínimo mensal, parcela não muito distinta das três décadas anteriores. Em 1979, 70,2% das ocupações autônomas eram exercidas por trabalhadores com remuneração de até 1,5 salário mínimo mensal. (Ver Figura 4.12.)

Além do fato de o conjunto dos postos de trabalho autônomo ser ocupado por pessoas de baixa remuneração, observa-se a baixa presença da ação sindical, uma vez que menos de 15% dos trabalhadores são filiados à entidade de representação de seus interesses laborais. Entre 1999 e 2009, contudo, houve um leve aumento nessa taxa entre os trabalhadores autônomos. (Ver Figura 4.13.)

Figura 4.12 – Brasil: evolução da composição dos trabalhadores autônomos segundo faixas de remuneração (em %)

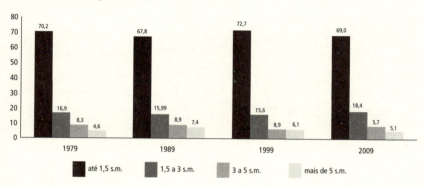

Fonte: IBGE/PNAD e POF (elaboração própria)

Figura 4.13 – Brasil: taxa de sindicalização nas ocupações de trabalho doméstico (em %)

Fonte: IBGE/Pnad (elaboração própria)

Do conjunto dos autônomos destaca-se a presença dominante dos homens, que em 2009 representaram quase dois terços dos postos de trabalho. Apesar disso, a presença feminina vem aumentando de forma considerável, uma vez que passou de 13,1%, em 1970, para 37,3% do total das ocupações autônomas, em 2009. (Ver Figura 4.14.)

Outra característica importante do trabalho autônomo diz respeito à elevada participação de pessoas na faixa dos 25 aos 44 anos de idade. Entre os anos

80  Nova classe média?

Figura 4.14 – Brasil: composição dos trabalhadores autônomos segundo sexo (em %)

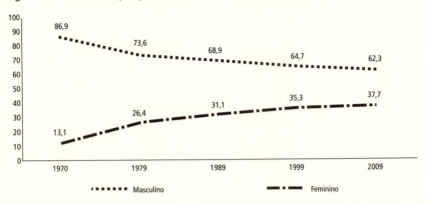

Fonte: IBGE/PNAD (elaboração própria)

1970 e 2000, praticamente a metade dos autônomos estava nessa faixa etária, que, contudo, se reduziu para 42% em 2009. (Ver Figura 4.15.)

Na sequência, cresce a importância relativa da parcela dos trabalhadores na faixa dos 45 aos 64 anos de idade. Com isso, o trabalho autônomo exercido por pessoas com menos idade (até 24 anos) teve sua importância relativa reduzida, pois passou de 18,6%, em 1970, para 10%, em 2009.

Também entre os ocupados autônomos decresce o peso relativo dos trabalhadores iletrados. Em 1970, os trabalhadores sem estudo representavam

Figura 4.15 – Brasil: composição etária do trabalhador autônomo (em %)

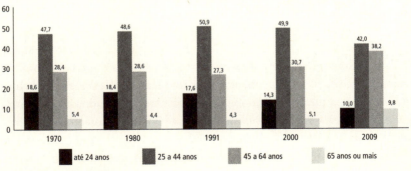

Fonte: IBGE/Pnad (elaboração própria)

mais de 48% do total dos ocupados autônomos, ao passo que, em 2009, esse segmento respondia por menos de 16% do total.

Apesar disso, menos de um terço dos trabalhadores autônomos estava na faixa de dez anos ou mais anos de estudo em 2009. Mesmo assim, registra-se um crescimento importante na sua participação relativa no total das ocupações autônomas do país, uma vez que, em 1970, menos de 3% possuíam dez ou mais anos de estudo no Brasil. (Ver Figura 4.16.)

Figura 4.16 – Brasil: evolução da composição dos trabalhadores autônomos segundo a faixa de escolaridade (em %)

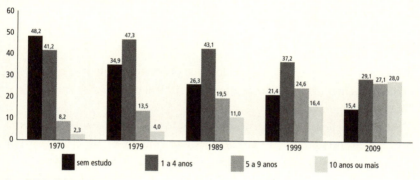

Fonte: IBGE/Pnad (elaboração própria)

Cada vez mais o trabalho autônomo vem sendo exercido pela população não branca. Até o fim da década de 1990, o contingente numérico dos trabalhadores brancos era levemente superior dentro do total das ocupações autônomas. No ano de 2009, porém, os ocupados não brancos representam quase 55% do total do trabalho autônomo no país. (Ver Figura 4.17.)

Entre as décadas de 1970 e 2000, observa-se alteração interessante na composição dos autônomos segundo o local geográfico de exercício do próprio trabalho. Percebe-se, por exemplo, um nítido decréscimo da importância relativa do trabalho autônomo no meio rural, passando de 47%, em 1979, para 29,5% do total de postos de trabalho autônomos, em 2009.

Em compensação, aumentou significativamente o trabalho autônomo exercido no meio urbano, sobretudo não metropolitano, que passou de 33% dos ocupados, em 1979, para 47%, em 2009. A participação relativa do

Figura 4.17 – Brasil: composição dos trabalhadores autônomos segundo cor/raça (em %)

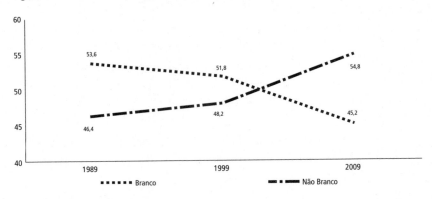

Fonte: IBGE/Pnad (elaboração própria)

trabalho autônomo exercido no meio urbano metropolitano não cresceu significativamente, uma vez que se alterou de 19,9% para 23,5% entre 1979 e 2009. (Ver Figura 4.18.)

Um dos reflexos da crescente modificação do trabalho autônomo rural para o meio urbano são as modificações na composição das ocupações por conta própria nas grandes regiões geográficas do país. Em 1970, mais de 47%

Figura 4.18 – Brasil: composição dos trabalhadores autônomos segundo região geográfica (em %)

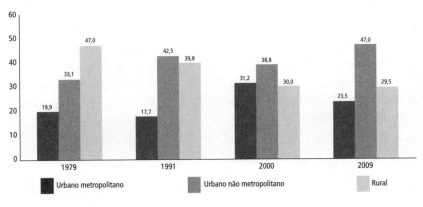

Fonte: IBGE/Pnad (elaboração própria)

dos trabalhadores autônomos concentravam-se na região Nordeste e 17,6%, na região Sudeste – ou, ainda, 64,7% do total da nação. (Ver Figura 4.19.)

Figura 4.19 – Brasil: composição dos trabalhadores autônomos segundo grande região geográfica (em %)

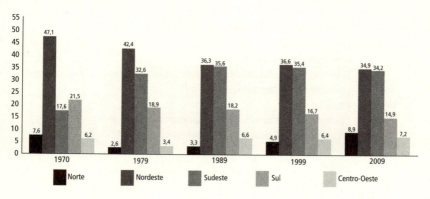

Fonte: IBGE/PNAD (elaboração própria)

Quase quarenta anos depois, as regiões Nordeste e Sudeste passaram a responder por uma parcela equivalente do total de trabalhadores autônomos (34% cada), ou seja, 69,1% das ocupações do país. Assim como o Nordeste perdeu participação relativa no total dos autônomos, o peso relativo da região Sul também decresceu, ao contrário das regiões Norte e Centro-Oeste.

Se considerada a evolução da composição do trabalho autônomo nos estados da federação, também é possível notar outros movimentos interessantes, como o fato de o estado de São Paulo ter tido a maior elevação do peso relativo no total do trabalho autônomo entre os anos de 1980 e 2009. Nesse mesmo período, outros dezesseis estados da federação elevaram sua posição relativa no total da ocupação autônoma no Brasil e somente dois mantiveram inalterado seu peso relativo.

Por outro lado, oito estados da federação apresentaram queda em sua posição relativa no total do trabalho autônomo. Para o intervalo entre 1980 e 2009, o estado do Maranhão foi o que mais reduziu a participação relativa na composição nacional dos postos de trabalho exercidos pelos autônomos. (Ver Figura 4.20.)

Figura 4.20 – Brasil: composição dos trabalhadores autônomos segundo os estados da federação (em %)*

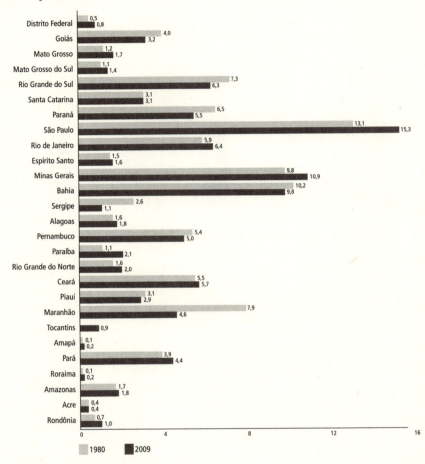

Fonte: IBGE/PNAD (elaboração própria)
* Tocantins não apresenta nenhum dado referente a 1980 porque esse estado foi criado mais tarde, em 1988.

Em grande medida, a alteração na composição das ocupações autônomas nos estados brasileiros refere-se ao crescente deslocamento do trabalho no meio rural para o urbano. Mesmo assim, as atividades laborais no campo ainda respondem por uma parte significativa dos trabalhadores de baixa remuneração, que formam a base da pirâmide social brasileira.

# 5. TRABALHO TEMPORÁRIO

No ano de 2009, de cada grupo de dez empregados assalariados no Brasil, um tinha contrato de trabalho inferior a três meses de tempo de serviço na mesma empresa. Do total dos 4,3 milhões de postos de trabalho na condição de curta duração, 47,5% pertenciam aos empreendimentos formais com até 49 empregados, que respondiam, por sua vez, por 37,2% do estoque total dos empregos formais do país e por 97% de todos os estabelecimentos registrados pelo Ministério do Trabalho e Emprego. Enquanto os micro e pequenos empreendimentos registram 13,3% de seus empregados com contrato de trabalho inferior a três meses de tempo de serviço, as grandes empresas apresentam somente 8% do total de seus ocupados nessa condição de emprego temporário.

A natureza e dimensão do emprego temporário, bem como a sua concentração nos micro e pequenos negócios formais, justificam o presente capítulo enquanto contribuição ao melhor entendimento acerca da dinâmica dos postos de trabalho de curta duração no país. Para além do que é exposto aqui a respeito do emprego temporário nos micro e pequenos negócios formais no Brasil, cabe destacar que o estudo está dividido em duas partes, sendo a primeira referente à dinâmica das ocupações nos micro e pequenos negócios e a segunda relacionada à evolução do emprego temporário e suas características.

Ademais, ressalta-se também que o conjunto de dados sistematizados utilizados teve como fonte básica de informação a Relação Anual de Informações Sociais (Rais) do Ministério do Trabalho e Emprego. Para os micro e pequenos negócios formais no Brasil utilizaram-se como referência os empreendimentos de até 49 empregados e, para os ocupados de curta duração, aqueles com contrato de trabalho de até 2,9 meses de tempo de serviço na mesma empresa.

## 5.1. Dinâmica geral da ocupação formal nos micro e pequenos negócios

Na virada do século XX, o Brasil constata a crescente participação dos micro e pequenos negócios no total dos empreendimentos formais. Em 2009, por exemplo, das 3,2 milhões de empresas formais brasileiras, 97% possuíam até 49 empregados. Vinte anos antes, em 1989, 95% do 1,4 milhão das empresas brasileiras tinham menos de 49 empregados formais. Do acréscimo de 1,8 milhão de novos empreendimentos formais constituídos entre 1989 e 2009, todos pertenceram aos micro e pequenos empreendimentos.

A região Norte apresentou a maior expansão dos micro e pequenos negócios no total dos empreendimentos do país, com o aumento de 5,4% nas duas últimas décadas. Em todo o Brasil, a expansão relativa dos micro e pequenos negócios foi de 1,8%; nesse mesmo período, a região Sudeste registrou a menor variação (1,7%). (Ver Figura 5.1.)

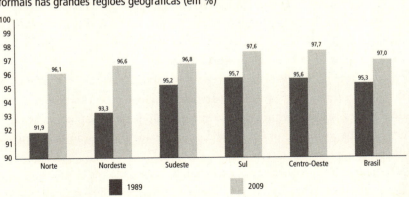

Figura 5.1 – Brasil: evolução dos micro e pequenos negócios no total das empresas formais nas grandes regiões geográficas (em %)

Fonte: MTE/Rais (elaboração própria)

Com relação aos setores de atividade econômica, destaca-se que houve redução na presença das micro e pequenas empresas no total dos empreendimentos formais do país somente na administração pública (-5,2%) e nos serviços industriais de utilidade pública (-2,2%). Na administração pública, aliás, a participação relativa dos micro e pequenos empreendimentos não alcança 50% do total dos empregos formais.

A agropecuária e a indústria de transformação foram os dois setores que registraram as maiores expansões das micro e pequenas empresas no total dos estabelecimentos no país (4,1% e 3,7%, respectivamente). O comércio, por outro lado, apresentou o menor crescimento positivo dos micro e pequenos negócios relativos ao conjunto das empresas entre 1989 e 2009 (0,5%). (Ver Figura 5.2.)

Figura 5.2 – Brasil: evolução dos micro e pequenos negócios no total das empresas formais segundo setores de atividade econômica (em %)

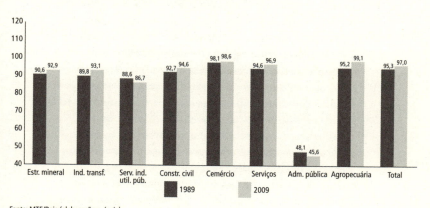

Fonte: MTE/Rais (elaboração própria)

Entre os estados da federação, pode-se observar que o Amazonas e o Amapá foram os que apresentaram os melhores desempenhos em termos de expansão dos micro e pequenos negócios relacionados ao total dos empreendimentos formais. Na comparação do ano de 2009 com o de 1989, constata-se que a participação relativa dos micro e pequenos negócios cresceu 7,2%. (Ver Figura 5.3.)

Figura 5.3 – Brasil: Evolução dos micro e pequenos negócios no total das empresas formais nas unidades da federação (em %)

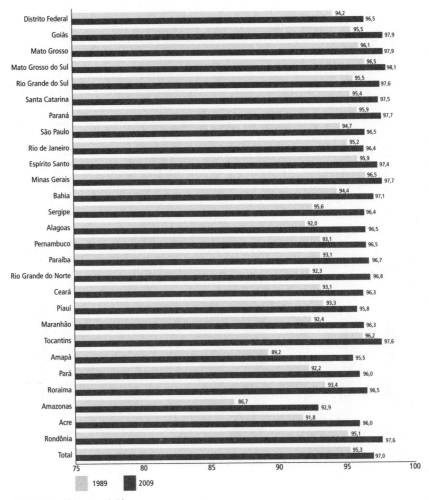

Fonte: MTE/Rais (elaboração própria)

Em contrapartida, nota-se que o Espírito Santo e o Rio de Janeiro registraram as menores expansões nos micro e pequenos negócios em relação ao total dos empreendimentos formais. Para o mesmo período, esses dois estados aumentaram em apenas 1,3% a presença relativa dos micro e pequenos empreendimentos no conjunto de suas empresas.

A maior importância dos micro e pequenos negócios não se expressa apenas relativamente ao conjunto das empresas, mas também em relação ao total das ocupações formais geradas no Brasil. No ano de 2009, por exemplo, os micro e pequenos negócios possuíam 15,3 milhões de empregados assalariados, o que representou 37,2% do total de trabalhadores formais do país. Em 1989, com 6,9 milhões de ocupados, os micro e pequenos negócios representavam 28,3% do emprego formal.

Em duas décadas, o Brasil gerou 16,7 milhões de novos empregos formais, o que permitiu transitar de um estoque de ocupações assalariadas de 24,5 milhões, em 1989, para 41,2 milhões, em 2009. As pequenas e micro empresas foram responsáveis pela geração de 8,4 milhões de empregos formais, ou seja, 50,3% do total dos novos postos de trabalho assalariados com carteira assinada. (Ver Figura 5.4.)

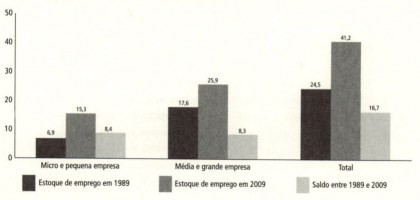

Figura 5.4 – Brasil: Evolução dos empregos formais segundo tamanho de estabelecimento (em milhão)

Fonte: MTE/Rais (elaboração própria)

Fato importante a ser acrescentado relaciona-se ao avanço da presença relativa das mulheres entre os ocupados nas micro e pequenas empresas, que passou de 32,1%, em 1989, para 39,9%, em 2009. Com relação à escolaridade dos ocupados, por sua vez, observa-se a convergência das micro e pequenas empresas na contratação de trabalhadores com mais tempo de estudos. No ano de 1989, por exemplo, havia 211 mil (3,1%) trabalhadores analfabetos contratados pelos micro e pequenos negócios, ao passo que em 2009 foram apenas 89,2 mil (0,6%) – ao contrário dos empregados com ensino superior, que passaram de 460,8 mil (6,7% do total) para 1,8 milhão (11,9%) no mesmo intervalo de tempo. (Ver Figura 5.5.)

Figura 5.5 – Brasil: Evolução dos empregos formais segundo faixa de escolaridade dos ocupados nas micro e pequenas empresas (em milhão)

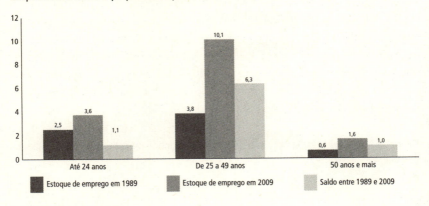

Fonte: MTE/Rais (elaboração própria)

É interessante destacar ainda a expansão do emprego nas micro e pequenas empresas segundo a faixa etária dos ocupados. Para os trabalhadores com 50 anos de idade ou mais, o saldo na geração de emprego formal entre 1989 e 2009 foi de 1 milhão de novos postos de trabalho, ao passo que na faixa etária de 25 a 49 anos houve a geração de 6,3 milhões de ocupações.

Entre os jovens (até 24 anos), o saldo no emprego gerado foi de 1,1 milhão de novas ocupações no mesmo período. Ou seja, 75% dos novos postos de trabalho nas micro e pequenas empresas concentraram-se na faixa dos 25 aos 49 anos de idade.

Com relação ao conjunto dos setores de atividade econômica, percebe-se a forte expansão do comércio (3,5 milhões de empregos) e serviços (3,1 milhões de empregos), responsáveis por quase 79% do total do saldo de empregos gerados nas micro e pequenas empresas entre 1989 e 2009. A indústria de transformação, contudo, respondeu por 13,1% dos postos formais de trabalho gerados no mesmo período. (Ver Figura 5.6.)

Figura 5.6 – Brasil: evolução dos empregos formais segundo setores de atividade econômica nas micro e pequenas empresas (em mil)

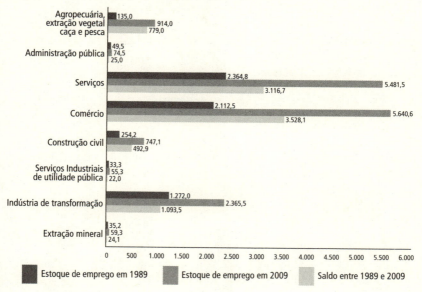

Fonte: MTE/Rais (elaboração própria)

Do ponto de vista das grandes regiões geográficas do país, observa-se que 69% do total das novas ocupações formais nas micro e pequenas empresas ocorreram nas regiões Sul (1,8 milhão) e Sudeste (4 milhões). A região Norte (452 mil) foi a de menor geração absoluta de empregos formais entre 1989 e 2009. (Ver Figura 5.7.)

Com relação ao tamanho de estabelecimentos, constata-se que, entre 1989 e 2009, prevaleceu a queda no valor real do rendimento médio dos ocupados formais. Nos microempreendimentos, o valor real do rendimento médio do trabalhador em 2009 foi 9,8% inferior ao recebido no ano de 1989, ao passo que, nas grandes empresas, a queda foi de 23,8%. Para os trabalhadores em médias empresas, a queda na remuneração média entre 1989 e 2009 foi de 31,1%. (Ver Figura 5.8.)

Figura 5.7 – Brasil: evolução dos empregos formais segundo grande região geográfica dos ocupados nas micro e pequenas empresas (em milhão)

Fonte: MTE/Rais (elaboração própria)

Figura 5.8 – Brasil: evolução dos empregos formais segundo nível de renda média dos ocupados e por tamanho de estabelecimento (em salário mínimo real)

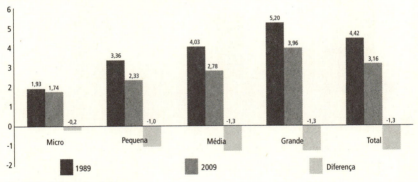

Fonte: MTE/Rais (elaboração própria)

Nas pequenas empresas, a redução foi de 30,7%. Com isso, percebe-se a diminuição entre as remunerações médias dos ocupados segundo estabelecimentos. Em 2009, por exemplo, o rendimento médio dos trabalhadores das grandes empresas era 2,3 vezes superior ao recebido nos micronegócios, ao passo que em 1989 era de 2,7 vezes. Ou seja, uma redução de 14,8% em duas décadas.

Um dos principais fatores responsáveis pelo desempenho das remunerações dos trabalhadores no interior das empresas diz respeito ao fenômeno da rotatividade, que em grande medida responde pela substituição de um empregado de maior salário por outro de menor remuneração. O fenômeno da rotatividade expressa a existência de uma enorme flexibilidade de demissão/contratação de trabalhadores no Brasil.

Na comparação da taxa geral de rotatividade dos trabalhadores de emprego formal em 2009 com a de 1999, constata-se acréscimo de 10,1%, pois passou de 33,5% para 36,9%. A elevação na taxa de rotatividade no emprego feminino foi a principal responsável pelo crescimento na rotação global dos trabalhadores com carteira assinada no Brasil. (Ver Figura 5.9.)

Figura 5.9 – Brasil: evolução da taxa de rotatividade dos trabalhadores nas empresas formais por sexo (em %)

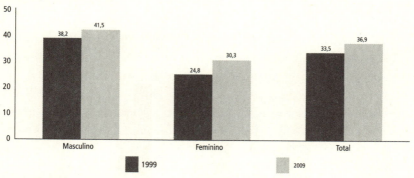

Fonte: MTE/Rais (elaboração própria)

O mesmo pode-se observar em relação ao crescimento da rotatividade nos contratos de trabalho de empregados de até 39 anos de idade, pois tal segmento apresentou importante expansão entre 1999 e 2009. A diminuição da rotação no emprego formal nos segmentos de trabalhadores de maior faixa etária não se mostrou suficiente para compensar o aumento na taxa global de rotatividade laboral do país. (Ver Figura 5.10.)

Percepção idêntica da taxa de rotatividade também pode ser constatada nos empregos segundo as distintas faixas de remuneração. Entre 1999 e 2009, a taxa de rotatividade cresceu significativamente para os empregos com rendimento de até 1,5 salário mínimo mensal. Para os empregos que pagam entre 0,5 e 1 salário mínimo mensal, a taxa de rotatividade foi de 85,3% em 2009, com aumento de 42,2% em relação à rotatividade do ano de 1999.

Figura 5.10 – Brasil: evolução da taxa de rotatividade dos trabalhadores nas empresas formais por faixa etária (em %)

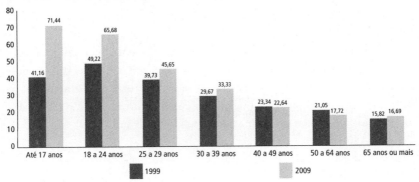

Fonte: MTE/Rais (elaboração própria)

Para os demais níveis de rendimentos dos empregos formais, houve diminuição na taxa de rotatividade no mesmo período. Na faixa de 15 a 20 salários mínimos mensais, por exemplo, a taxa de rotatividade decresceu de 15,7% para 7,3%, o que equivaleu a queda de 53,5% entre 1999 e 2009. Os trabalhadores de maior remuneração possuem as menores taxas de rotatividade: para aqueles com remuneração acima de vinte salários mínimos mensais, a taxa de rotatividade representa menos de 15% da praticada entre trabalhadores de 1 a 1,5 salário mínimo mensal. (Ver Figura 5.11.)

Figura 5.11 – Brasil: evolução da taxa de rotatividade dos trabalhadores nas empresas formais por faixa de salário mínimo real (em %)

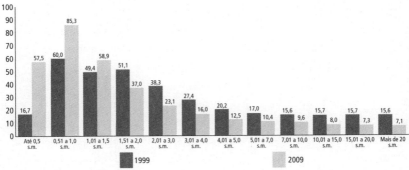

Fonte: MTE/Rais (elaboração própria)

Se considerada ainda a evolução da taxa de rotatividade por nível de escolaridade, destaca-se o crescimento praticamente generalizado para os empregados com carteira assinada, embora em ritmos diferenciados. Nos segmentos de menor escolaridade, sobretudo o analfabeto, o país registrou a maior taxa de rotatividade em 2009 (58,9%), com aumento de 52,2% em relação ao ano de 1999. (Ver Figura 5.12.)

Figura 5.12 – Brasil: evolução da taxa de rotatividade dos trabalhadores nas empresas formais por faixa de escolaridade (em %)

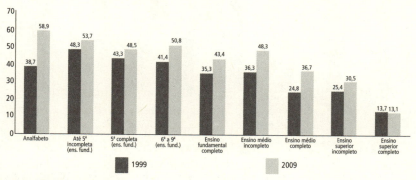

Fonte: MTE/Rais (elaboração própria)

Para trabalhadores de ensino superior, a taxa de rotatividade apresentou-se bem menor – alcançando 13,1%, em 2009 – do que se comparada com a do ano de 1999 (13,7%), registrando diminuição de 4,4% no Brasil. A mais baixa taxa de rotatividade foi registrada entre ocupados com maior remuneração (acima de vinte salários mínimos mensais). Nesse segmento ocupacional, a taxa de rotatividade praticada representa apenas um quarto daquela constatada entre os trabalhadores com até o quinto ano incompleto do ensino fundamental.

Por setor de atividade econômica, percebe-se importante diferenciação na taxa de rotatividade dos empregados formais. De oito setores analisados, por exemplo, três tiveram aumentos na rotação de seus trabalhadores (indústria de transformação, serviços e agropecuária) e cinco apresentaram queda, especialmente na construção civil, justamente o segmento com maior rotatividade de trabalhadores.

Atualmente, a agropecuária destaca-se por ser o setor com a taxa mais elevada de rotatividade no emprego formal do país: em relação à indústria extrativa mineral, o setor agropecuário possui uma taxa de rotatividade 4,6 vezes superior. (Ver Figura 5.13.)

Figura 5.13 – Brasil: evolução da taxa de rotatividade dos trabalhadores nas empresas formais por setor de atividade econômica (em %)

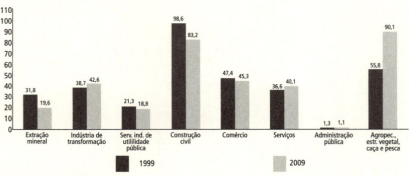

Fonte: MTE/Rais (elaboração própria)

Entre as grandes regiões geográficas do país, destaca-se o crescimento da taxa de rotatividade em todas elas, ainda que isso tenha ocorrido com importantes diferenças entre os empregos formais. A região Centro-Oeste, por exemplo, apresentou maior crescimento na rotatividade entre 1999 e 2009 (27,1%), ao passo que a região Sul tornou-se a de maior rotatividade dos trabalhadores (43,1%), superando a região Sudeste (39,3%). (Ver Figura 5.14.)

Além da taxa de rotatividade por grandes regiões geográficas, considera-se também a situação da rotatividade dos empregos formais nas unidades da federação. Em 2009, Mato Grosso (51,2%), Santa Catarina (47,3%) e Minas Gerais (43,7%) foram os estados que registraram as maiores taxas de rotatividade do emprego formal do país. Ao contrário disso, Roraima (16,8%), Paraíba (17,6%) e Piauí (19,0%) foram os estados que apresentaram as menores taxa de rotatividade do emprego formal naquele mesmo ano.

Entre os anos de 1999 e 2009, seis estados reduziram sua taxa de rotatividade do emprego formal: Roraima (19,5%), Amapá (10,4%), Piauí (5,2%), Paraíba (13%), Rio de Janeiro (3,1%), Ceará (2,3%) e Sergipe (5,9%). As

Figura 5.14 – Brasil: evolução da taxa de rotatividade dos trabalhadores nas empresas formais por grande região geográfica (em %)

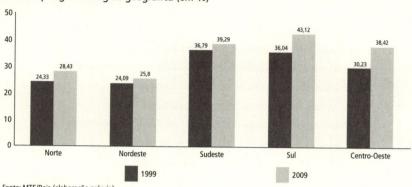

Fonte: MTE/Rais (elaboração própria)

demais unidades da federação aumentaram a rotatividade no emprego formal, sendo os estados do Acre (73,2%), de Rondônia (41,7%), do Maranhão (34,1%) e de Santa Catarina (33,1%) os recordistas. (Ver Figura 5.15.)

Por fim, cabe ainda mencionar a evolução do comportamento da taxa de rotatividade dos empregos formais segundo o tempo de serviço na mesma empresa pelo trabalhador. Os contratos de trabalho de curta duração são os que apresentam maior taxa de rotatividade. No ano de 2009, por exemplo, a taxa de rotatividade foi de 70,7%, ou seja, 16,4 vezes maior do que a verificada nos trabalhadores com dez anos ou mais de tempo de serviço. (Ver Figura 5.16.)

Na comparação de 2009 com 1999, observa-se um aumento com relação à taxa de rotatividade para os empregos com até dois anos de tempo de serviço; para os demais trabalhadores com maior tempo de serviço, houve redução.

## 5.2. Características do emprego temporário

Do conjunto de 41,2 milhões de empregos com vínculos formais no Brasil de 2009, 4,3 milhões de empregados possuíam contratos de menos de três meses de trabalho. Ou seja, 10,4% do total dos empregos formais podiam ser definidos como de curta duração ou empregos temporários em todo o país. Vinte anos atrás, 9,1% (2,2 milhões de empregos) dos 24,5 milhões de empregos com carteira assinada previam menos de três meses de trabalho na mesma empresa.

## 98  Nova classe média?

Figura 5.15 – Brasil: evolução da taxa de rotatividade dos trabalhadores nas empresas formais por estado da federação (em %)

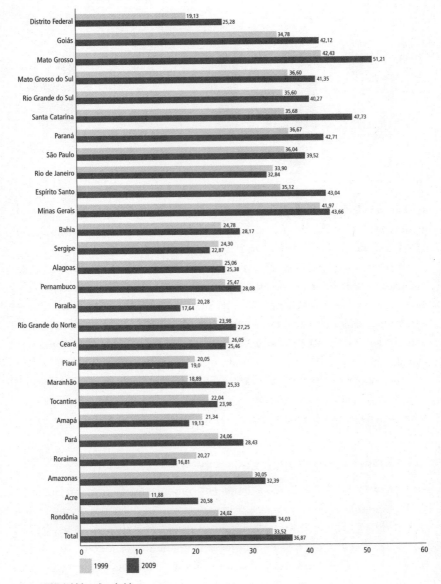

Fonte: MTE/Rais (elaboração própria)

Figura 5.16 – Brasil: evolução da taxa de rotatividade dos trabalhadores nas empresas formais por tempo de serviço (em %)

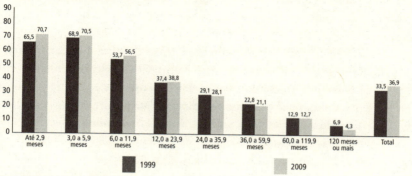

Fonte: MTE/Rais (elaboração própria)

Entre 1989 e 2009, o Brasil gerou saldo de 16,7 milhões de novos postos de trabalho formais, sendo 12,6% deles (2,1 milhões de vagas) associados aos empregos temporários. Os micro e pequenos negócios foram responsáveis pela geração de 52,4% (1,1 milhão de vagas) do total dos empregos temporários do país no mesmo período. (Ver Figura 5.17.)

Nos micro e pequenos negócios, a participação do emprego formal temporário chega a ser 53% superior ao verificado nas médias e grandes empresas. Em 2009, elas registraram somente 8,7% do total da ocupação com empregos de curta duração.

Figura 5.17 – Brasil: evolução da participação do emprego temporário formal no total da ocupação segundo tamanho dos estabelecimentos (em %)

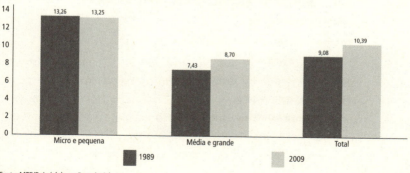

Fonte: MTE/Rais (elaboração própria)

Entre 1989 e 2009, contudo, essa mesma participação subiu 17,1% nas médias e grandes empresas, ao passo que nas micro e pequenas permaneceu estabilizada. No Brasil como um todo houve a expansão de 14,4%, pois passou de 9,1%, em 1989, para 10,4%, em 2009.

Do total de 4,3 milhões de empregos formais de curta duração registrados em 2009, 47,2% estavam nos micro e pequenos negócios (2 milhões de postos de trabalho). Quase dois terços dessas ocupações eram preenchidos pelo sexo masculino, que perdeu importância relativa entre os anos de 1989 e 2001, quando as vagas temporárias ocupadas por mulheres cresceram 185,2% e os postos ocupados por homens aumentaram apenas 93,1%. Ou seja, verificou-se um aumento quase duas vezes mais rápido nas ocupações femininas em comparação com as masculinas. (Ver Figura 5.18.)

Figura 5.18 – Brasil: evolução do emprego temporário formal nas micro e pequenas empresas por sexo do trabalhador (em mil)

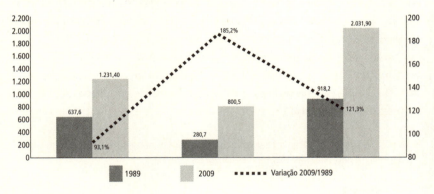

Fonte: MTE/Rais (elaboração própria)

Sobre a situação das ocupações de curta duração, destaca-se a importância relativa delas para o emprego formal dos jovens, especialmente aqueles que buscam seu primeiro emprego. Na faixa de até 17 anos de idade, o peso do emprego formal temporário no total das ocupações das micro e pequenas empresas teve um aumento de 23,2% para 31%, ao passo que nas demais faixas etárias houve regressão relativa entre 1989 e 2009. (Ver Figura 5.19.)

Figura 5.19 – Brasil: evolução da participação do emprego temporário formal no total da ocupação nas micro e pequenas empresas segundo faixa etária (em %)

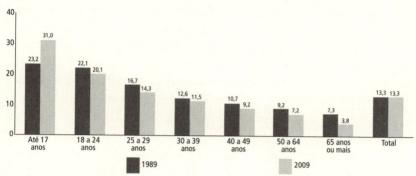

Fonte: MTE/Rais (elaboração própria)

O peso relativo dos micro e pequenos empreendimentos no total do emprego formal temporário aumentou praticamente em todos os segmentos etários, salvo justamente a faixa etária de até 17 anos. Em 2009, o emprego temporário nas micro e pequenas empresas respondia por 53,5% do total da ocupação temporária formal do país. (Ver Figura 5.20.)

Com relação às faixas de escolaridade, houve queda na participação relativa do emprego temporário no total das ocupações das micro e pequenas empresas até o ensino fundamental completo. Do ensino médio para cima, a presença do

Figura 5.20 – Brasil: evolução da participação do emprego temporário formal nas micro e pequenas empresas no total da ocupação de curta duração por faixa etária (em %)

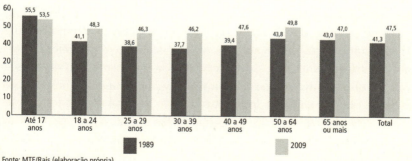

Fonte: MTE/Rais (elaboração própria)

emprego temporário nas micro e pequenas empresas teve expansão importante. Na faixa que compreende até o quinto ano incompleto do ensino fundamental, por exemplo, houve queda de 36,4% na participação relativa do emprego formal temporário nos micro e pequenos negócios, ao passo que na do ensino superior incompleto houve aumento de 58,8% entre 1989 e 2009. (Ver Figura 5.21.)

Figura 5.21 – Brasil: evolução da participação do emprego temporário formal no total da ocupação nas micro e pequenas empresas segundo escolaridade (em %)

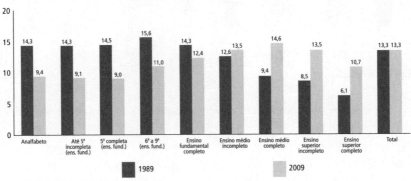

Fonte: MTE/Rais (elaboração própria)

No caso da presença das micro e pequenas empresas no total das ocupações de curta duração, houve expansão relativa em todas as faixas do ensino, salvo dos trabalhadores na faixa do sexto ao nono anos do ensino fundamental. A maior expansão relativa (34,5%) ocorreu na faixa que abrange o ensino superior incompleto. (Ver Figura 5.22.)

De todos os setores de atividades econômicas, somente nos serviços industriais de utilidade pública e no comércio houve expansão relativa do emprego temporário no total da ocupação nas micro e pequenas empresas entre 1989 e 2009. Nesse mesmo período, no setor de extrativismo mineral, ocorreu a maior queda relativa, estimada em 15,4%. A construção civil, por sua vez, é o setor de maior peso relativo na ocupação temporária nos micro e pequenos negócios. (Ver Figura 5.23.)

Já a presença das micro e pequenas empresas com relação ao total do emprego temporário decresceu apenas no setor da administração pública e nos serviços industriais de utilidade pública. O maior crescimento ocorreu

Figura 5.22 – Brasil: evolução da participação do emprego temporário formal nas micro e pequenas empresas no total da ocupação de curta duração por escolaridade (em %)

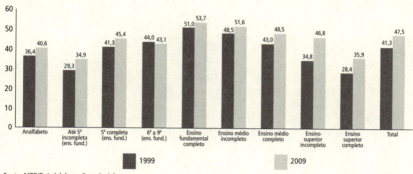

Fonte: MTE/Rais (elaboração própria)

Figura 5.23 – Brasil: evolução da participação do emprego temporário formal no total da ocupação nas micro e pequenas empresas segundo setor de atividade econômica (em %)

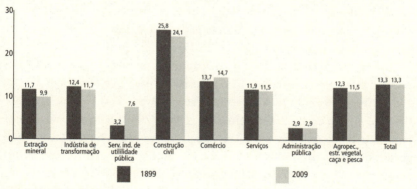

Fonte: MTE/Rais (elaboração própria)

no setor de agropecuária, extrativismo vegetal, caça e pesca (100%) entre 1989 e 2009. Quase quatro quintos dos empregos temporários no setor de comércio pertencem às micro e pequenas empresas. (Ver Figura 5.24.)

No caso das unidades da federação, o estado de Roraima (16,5%) assume o primeiro lugar em termos de maior presença dos empregos temporários no total das ocupações formais, ao passo que Sergipe, com 12,3%, apresenta a menor participação relativa em 2009. Entre 1989 e 2009, cinco estados mais

Figura 5.24 – Brasil: evolução da participação do emprego temporário formal nas micro e pequenas empresas no total da ocupação de curta duração por setor de atividade econômica (em %)

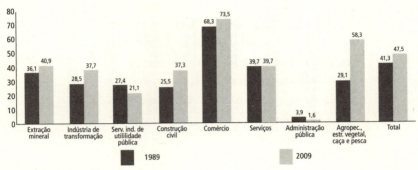

Fonte: MTE/Rais (elaboração própria)

o Distrito Federal registraram queda no peso relativo do emprego temporário no total da ocupação (Mato Grosso, Mato Grosso do Sul, São Paulo, Roraima e Rondônia). O estado da federação com maior expansão relativa do emprego temporário no total da ocupação foi o Rio Grande do Norte (43,4%), seguido pelo Acre (42%). (Ver Figura 5.25.)

Por fim, ressalta-se, ainda, a participação das micro e pequenas empresas no total dos empregos temporários formais do país, que tem no estado de Mato Grosso (61%) a maior participação relativa e, em Alagoas, a menor (37,9%) no ano de 2009. Em vinte anos (1989 e 2009), somente três estados reduziram o peso relativo das micro e pequenas empresas no total do emprego formal (Acre, Tocantins e Mato Grosso do Sul). Os demais estados aumentaram sua participação, sendo Amapá (82%) e Rio Grande do Norte (81,2%) os de maior destaque. (Ver Figura 5.26 na p. 106.)

Em duas décadas (1989 e 2009), o peso do emprego temporário no total das ocupações em micro e pequeno negócios somente não cresceu relativamente na região Sudeste, com queda de 5,9%. A maior expansão relativa se deu no Nordeste (26%), ao passo que o Centro Oeste se tornou a região com maior peso relativo do emprego temporário no total das ocupações formais dos micro e pequenos negócios. (Ver Figura 5.27 na p. 107.)

Ainda com relação à presença das micro e pequenas empresas no total dos empregos temporários do país, constata-se sua importância no Sul e

Trabalho temporário 105

Figura 5.25 – Brasil: evolução da participação do emprego temporário formal no total da ocupação nas micro e pequenas empresas segundo estado da federação (em %)

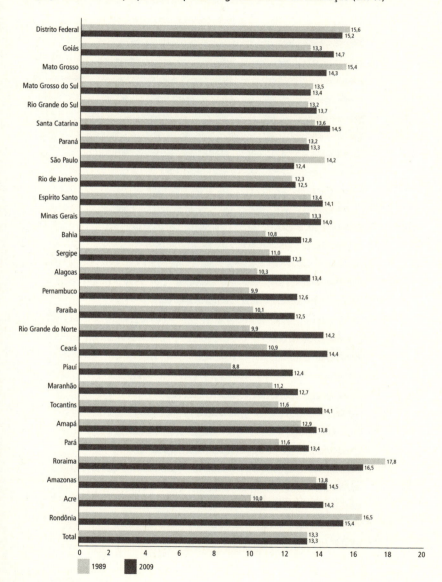

Fonte: MTE/Rais (elaboração própria)

## 106 Nova classe média?

Figura 5.26 – Brasil: evolução da participação do emprego temporário formal nas micro e pequenas empresas no total da ocupação de curta duração segundo estado da federação (em %)

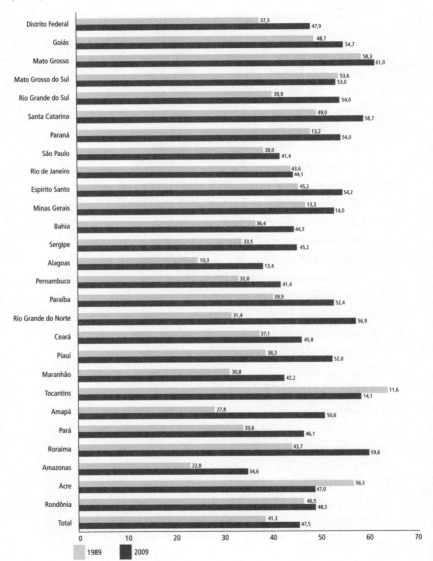

Fonte: MTE/Rais (elaboração própria)

Figura 5.27 – Brasil: evolução da participação do emprego temporário formal no total da ocupação nas micro e pequenas empresas segundo grande região geográfica (em %)

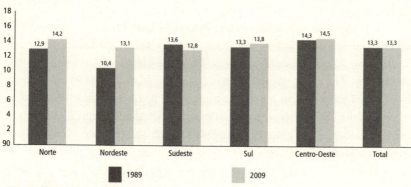

Fonte: MTE/Rais (elaboração própria)

Centro-Oeste, uma vez que respondem, em cada região, por mais de 50% do total das ocupações de curta duração. O menor peso relativo encontra-se na região Sudeste (44,7%). (Ver Figura 5.28.)

Em síntese, destaca-se a importância dos micro e pequenos empreendimentos na oferta dos postos de trabalho de curta duração. A cada grupo de

Figura 5.28 – Brasil: evolução da participação do emprego temporário formal nas micro e pequenas empresas no total da ocupação de curta duração por grande região geográfica (em %)

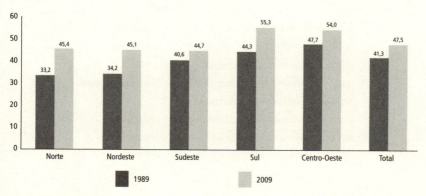

Fonte: MTE/Rais (elaboração própria)

dez trabalhadores assalariados com carteira assinada, há pelo menos um com até 2,9 meses de serviço na mesma empresa, sendo que quase a metade desses ocupados pertence aos micro e pequenos negócios.

Tendo em vista a dinâmica das ocupações formais durante as duas últimas décadas, constatou-se o peso dos pequenos e microempreendimentos tanto na contratação de trabalhadores – quase 40% do universo total – como em mais de 95% do total dos estabelecimentos existentes. Mais do que reconhecer melhor a dinâmica e estrutura da ocupação formal, bem como a presença das micro e pequenas empresas na oferta de postos de trabalho, especialmente temporários, cabem ações em termos de políticas públicas diante do quadro geral, que se aproxima de escassez relativa de mão de obra qualificada no Brasil.

A enorme flexibilidade quantitativa na gestão do trabalho exige providências favoráveis à centralização da formação, intermediação e oferta de benefícios aos trabalhadores brasileiros. Isso implica também considerar a melhor forma de regulação das relações de trabalho, além da formação de custos fiscais e trabalhistas.

É nesse sentido que o presente estudo procurou contribuir. Permanece, contudo, a expectativa da continuidade dos avanços na geração e formalização dos postos de trabalho, assim como da ampliação do potencial da produção e dos micro e pequenos negócios no Brasil.

# 6. O TRABALHO TERCEIRIZADO

O avanço da terceirização do trabalho tem sido a expressão maior das transformações no modo de produção e distribuição de bens e serviços nas economias capitalistas transcorrido desde o último terço do século XX. Apesar disso, há diferenças importantes no movimento de terceirização do trabalho entre países.

Nas economias desenvolvidas, o trabalho terceirizado resulta, em geral, da opção patronal pela ampliação dos ganhos de produtividades. A partir da adoção de novos meios de gestão da mão de obra e incorporação tecnológica, o processo produtivo passou a ser compartilhado de forma crescente por um conjunto de diversas empresas que subcontratam seus empregados. Na maior parte das vezes, a terceirização não significa necessariamente a precarização dos contratos de trabalho.

Nos países não desenvolvidos, o trabalho terceirizado expandiu-se mais recentemente. A principal motivação do processo de terceirização tem sido a busca pela redução do custo do trabalho em torno da exposição do setor produtivo à competição internacional. Em função disso, a terceirização representa a contratação de trabalhadores com remuneração e condições de trabalho inferiores aos postos de trabalho anteriormente existentes.

No Brasil, a terceirização do trabalho ganhou importância a partir dos anos 1990, coincidindo com o movimento de abertura comercial e de desregulamentação dos contratos de trabalho. Ao mesmo tempo, a estabilidade monetária (alcançada a partir de 1994, com a implantação do Plano Real) vigorou associada à presença de ambiente competitivo desfavorável ao mercado interno. Ou seja, baixo dinamismo econômico, com contida geração de empregos em meio a uma taxa de câmbio valorizada e altas taxas de juros.

Diante do desemprego crescente e de ofertas de postos de trabalho precários, as possibilidades de atuação sindical bem-sucedidas foram diminutas, ainda mais pela expansão de políticas de desregulação do mercado de trabalho.

No dias de hoje, o trabalho terceirizado responde cada vez mais por uma parcela maior do total das ocupações geradas no Brasil e, por serem postos de trabalho de menor remuneração, absorvem mão de obra de salário de base.

Em virtude disso, as ocupações geradas em torno do processo de terceirização do trabalho tendem a se concentrar na base da pirâmide social brasileira. O uso da terceirização da mão de obra tem se expandido fundamentalmente pelo setor de serviços, embora esteja presente em todos os ramos do setor produtivo[15].

Nas páginas a seguir, pode-se conhecer melhor a evolução do trabalho terceirizado no Brasil. Para isso, utiliza-se de um conjunto de dados sistematizados para o estado de São Paulo, a partir das informações geradas pelo Ministério do Trabalho e Emprego, a Relação Anual de Informações Sociais (Rais) e pelo Sindeepres.

Na primeira parte, há uma descrição geral do perfil do trabalhador ocupado desde a década de 1980. Na segunda, trata-se da evolução das relações de trabalho nas empresas de uso de mão de obra terceirizadas.

### 6.1. Perfil do trabalhador terceirizado

A passagem para o século XXI foi demarcada por importantes transformações no interior do mercado de trabalho. Entre elas, pode-se ressaltar o aparecimento e a expansão do trabalho terceirizado. Nos últimos 25 anos, o trabalho terceirizado apresentou duas dinâmicas distintas: a primeira durante o período de altas taxas de inflação e a segunda a partir do Plano Real, quando a estabilidade monetária implicou reorganizar as formas de contratação da mão de obra.

---

[15] Para maiores detalhes, ver M. Pochmann, *A Superterceirização do trabalho* (São Paulo, LTr, 2008a).

Até o ano de 1994, a trajetória da ocupação terceirizada era consideravelmente contida. No estado de São Paulo, por exemplo, mal passava de 100 mil trabalhadores contratados formalmente na condição de terceirizados por menos de quinhentas empresas. Com o fim das altas taxas de inflação, o uso do trabalhador terceirizado ganhou inegável impulso, permitindo o alto ritmo de contratação formal de empregados por crescente aparecimento de novas empresas de terceirização de mão de obra.

Também para o estado de São Paulo constata-se que a quantidade de empregos terceirizados aumentou significativamente a partir de 1995. Naquele ano, a quantidade de trabalhadores formais contratados em regime de terceirização foi de 110 mil empregados distribuídos por menos de 1,2 mil empresas. Após quinze anos, o número de empregados terceirizados havia ultrapassado os 700 mil, agregados por mais de 5,4 mil empresas. (Ver Figura 6.1.)

Figura 6.1 – São Paulo: evolução da quantidade de empregados e empresas de terceirização

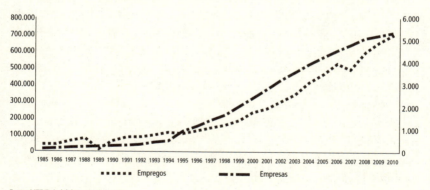

Fonte: MTE/Rais (elaboração própria)

Entre 1985 e 1995, o número de trabalhadores terceirizados cresceu a uma média anual de 9%, ao passo que a quantidade de empresas aumentou 22,5%, também como média ao ano. No período subsequente (1996-2010), a expansão média anual do emprego formal terceirizado foi de 13,1% e de 12,4% ao ano para o crescimento médio anual das empresas. Em todo o período analisado, o universo de trabalhadores terceirizados elevou-se 11,1%

ao ano, em média, e, nesse mesmo período, a quantidade de empresas cresceu a uma média anual de 16,4%.

Em síntese, observa-se que a alteração no comportamento dos preços acompanhada de medidas macroeconômicas se mostrou fundamental para a aceleração da contratação do trabalho terceirizado. Considerando que no período analisado prevaleceram taxas de expansão da produção relativamente baixas, com contido crescimento da produtividade e da taxa de investimento, registra-se que o movimento de terceirização associa-se fundamentalmente às necessidades de redução dos custos de contratação de trabalhadores.

Isso porque a contratação de trabalhadores terceirizados impõe custos menores em relação aos praticados pelos postos de trabalho não terceirizados, o que é razoável em ambiente desfavorável de competição em relação ao exterior e ausente de crescimento econômico. Sem ser por necessidade de elevação dos ganhos de produtividade, tampouco de gerar estímulos ao crescimento da produção, constata-se o aprofundamento da terceirização com o objetivo de redução de custos de contratação.

Em relação à elevação do emprego formal no estado de São Paulo, não se assistiu à maior presença feminina na composição total de absorção de mulheres pelas empresas de terceirização. Ainda que na segunda metade da década de 1980 mais da metade do total do emprego formal terceirizado fosse ocupada por trabalhadores do sexo feminino, observou-se que nos anos subsequentes proliferaram mais vagas ocupadas pelo sexo masculino. (Ver Figura 6.2.)

Com relação à cor dos ocupados nos postos de trabalho terceirizados, constata-se que, durante a década de 2000, ocorreu uma sensível diminuição da presença das pessoas de cor branca. Apesar disso, quase dois terços das ocupações de terceirizados no estado de São Paulo dizem respeito aos trabalhadores de cor branca. (Ver Figura 6.3.)

No quesito educação, pode-se ressaltar a rápida redução na participação relativa dos trabalhadores com escolaridade até o ensino fundamental, sobretudo a partir da segunda metade da década de 1990. Assim, em 2010, o estado de São Paulo possuía 32% dos ocupados com ensino fundamental completo, ao passo que, em 1985, esse segmento representava mais de 92% do total.

Concomitante à redução relativa dos trabalhadores de menor escolaridade assistiu-se à expansão do peso dos trabalhadores com escolaridade centra-

Figura 6.2 – São Paulo: participação relativa das mulheres no total dos empregados em estabelecimentos de terceirização (em %)

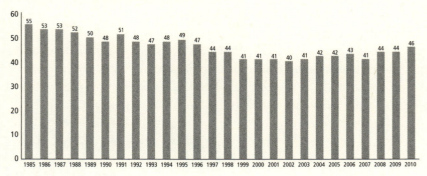

Fonte: MTE/Rais (elaboração própria)

Figura 6.3 – São Paulo: evolução da participação relativa de pessoas brancas no total dos empregos em estabelecimentos de terceirização (em %)

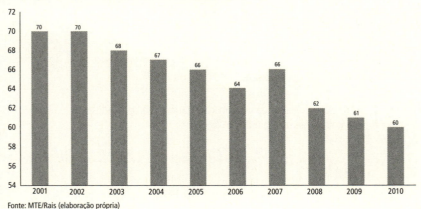

Fonte: MTE/Rais (elaboração própria)

da no ensino médio. Entre 1985 e 2010, por exemplo, a participação dos empregados com ensino médio passou de 5% para 59% do total da ocupação terceirizada no estado de São Paulo.

Com relação à presença de trabalhadores com ensino superior, por sua vez, percebe-se também uma expansão significativa. Em 2010, 9% dos empregados terceirizados possuíam nível superior, ao passo que em 1985 esse percentual mal atingia 2% do total dos ocupados. (Ver Figura 6.4.)

Figura 6.4 – São Paulo: evolução da composição dos empregados em estabelecimentos de terceirização segundo escolaridade (em %)

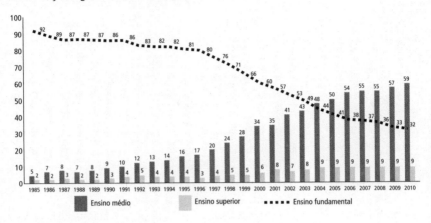

Fonte: MTE/Rais (elaboração própria)

Quando se observa a faixa etária como critério de caracterização dos trabalhadores terceirizados, nota-se a forte participação relativa dos ocupados no segmento etário de 25 a 49 anos. Cerca de dois terços do total dos terceirizados estão nessa faixa de idade. (Ver Figura 6.5.)

Figura 6.5 – São Paulo: evolução da composição etária dos empregados em estabelecimentos de terceirização (em %)

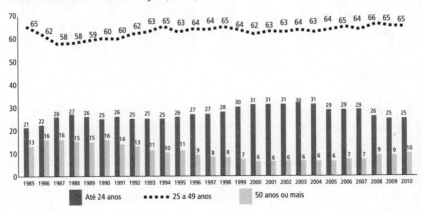

Fonte: MTE/Rais (elaboração própria)

Com isso, o segmento etário de até 24 anos, que havia registrado leve elevação em sua participação relativa no total dos ocupados entre 1985 e 2004, passou a decrescer até 2010. Dessa forma, a presença de jovens ocupados na condição de trabalhadores terceirizados cresceu levemente entre os anos de 1985 e 2010.

Essa expansão do emprego terceirizado para o estrato juvenil ocorreu simultaneamente à redução relativa da ocupação para trabalhadores de 50 anos de idade ou mais. Entre 1985 e 2005, a participação relativa desse segmento etário reduziu de 13% para 6%. Na segunda metade da década de 2000, o emprego relativo de trabalhadores de 50 anos ou mais voltou a crescer levemente, porém ainda é 30% inferior ao verificado em 1985.

Se for considerado o valor médio real do salário pago ao trabalhador terceirizado, constata-se que, entre 1985 e 2010, houve um aumento médio anual de 2,3%. Todavia, destaca-se também que, entre 1985 e 1998, o salário médio real dos trabalhadores terceirizados do estado de São Paulo teve crescimento real de 4,2% ao ano, ao passo que no período subsequente se manteve relativamente estável (0,3% de aumento real em uma média anual entre 1999 e 2010). (Ver Figura 6.6.)

Figura 6.6 – São Paulo: evolução real do salário médio dos empregados em estabelecimentos de terceirização (em R$ constante)

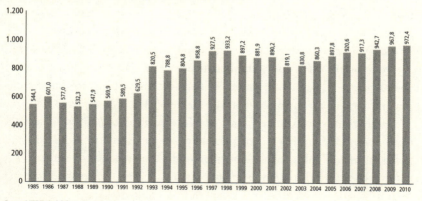

Fonte: MTE/Rais (elaboração própria)

Possivelmente, o comportamento do salário médio real do conjunto dos trabalhadores terceirizados esteja relacionado ao maior peso dos ocupados com maior escolaridade, o que indicaria certa mudança na composição das funções exercidas. Nesse sentido, a redução da presença relativa de trabalhadores terceirizados de menor nível de escolaridade seria acompanhada de alguma melhora em termos de salário real pago pelas empresas de terceirização. (Ver Figura 6.7.)

Figura 6.7 – São Paulo: evolução real do salário médio dos empregados e da participação relativa dos trabalhadores com escolaridade relativa ao ensino médio nos estabelecimentos de terceirização (em R$ constante e em %)

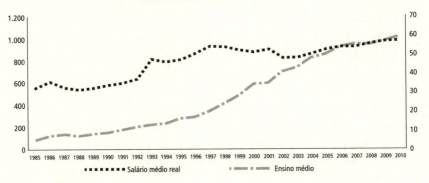

Fonte: MTE/Rais (elaboração própria)

Apesar da alteração na composição por escolaridade e suas implicações na remuneração dos trabalhadores ocupados em empresas de terceirização, registra-se uma queda na quantidade média de trabalhadores contratados por estabelecimento. Em 1985, por exemplo, havia no estado de São Paulo 387 empregados em média por estabelecimento de terceirização. Vinte e cinco anos depois, em 2010, eram em média somente 131 empregados contratados por empresas de terceirização. Uma queda de 66,1%. (Ver Figura 6.8.)

Ainda com relação ao perfil do trabalho terceirizado, pode-se identificar que o tempo médio de permanência no posto de trabalho terceirizado não tenha se alterado substancialmente, mantendo-se ao redor dos 18 meses (1,5 ano) de contratação, alterando-se um pouco para mais (até quase 23 meses) ou um pouco para menos (até 15 meses). (Ver Figura 6.9.)

O principal setor de atividade para o trabalho terceirizado tem sido o de serviços. Tais serviços, no entanto, se diferenciam, embora os auxiliares continuem a ser os de maior ocupação. Ou seja, praticamente quatro em cada

O trabalho terceirizado 117

Figura 6.8 – São Paulo: evolução da quantidade média de empregados nos estabelecimentos de terceirização

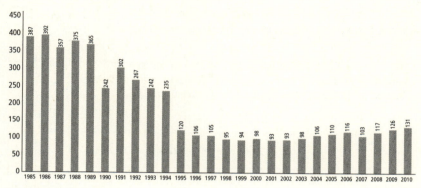

Fonte: MTE/RAIS (elaboração própria)

Figura 6.9 – São Paulo: evolução do tempo médio de permanência dos empregados em estabelecimentos de terceirização (em meses)

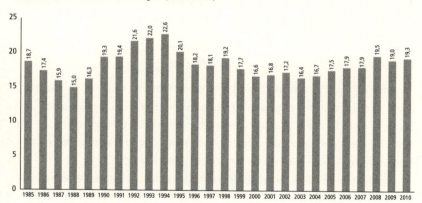

Fonte: MTE/Rais (elaboração própria)

dez ocupados nos postos de trabalho de terceirização no estado de São Paulo localizam-se nos serviços auxiliares. (Ver Figura 6.10.)

Diante disso, constata-se que o trabalho terceirizado sofreu modificações importantes, sobretudo a partir da segunda metade da década de 1990, com a estabilização monetária e a permanência do baixo dinamismo na geração de

# 118 Nova classe média?

Figura 6.10 – São Paulo: evolução dos estabelecimentos de terceirização segundo setor de atividade econômica

| | 1985 | 1986 | 1987 | 1988 | 1989 | 1990 | 1991 | 1992 | 1993 | 1994 | 1995 | 1996 | 1997 | 1998 | 1999 | 2000 | 2001 | 2002 | 2003 | 2004 | 2005 | 2006 | 2007 | 2008 | 2009 |
|---|---|---|---|---|---|---|---|---|---|---|---|---|---|---|---|---|---|---|---|---|---|---|---|---|---|
| Serviços auxiliares de atividades econômicas | 40 | 44 | 60 | 80 | 94 | 108 | 133 | 145 | 179 | 271 | 449 | 592 | 785 | 1.009 | 1.194 | 1.437 | 1.698 | 1.968 | 2.134 | 2.297 | 2.397 | 2.455 | 2.528 | 2.619 | 2.628 |
| Serviços de investigação particular | - | - | - | - | - | - | - | - | - | 12 | 29 | 45 | 52 | 42 | 71 | 72 | 81 | 87 | 92 | 107 | 130 | 155 | 166 | 201 | 222 |
| Serviços limpeza e conservação de casas | 19 | 18 | 22 | 21 | 21 | 19 | 18 | 17 | 14 | 48 | 70 | 81 | 92 | 97 | 112 | 139 | 159 | 183 | 213 | 256 | 306 | 321 | 359 | 380 | 390 |
| Administração e locação de imóveis | 1 | - | - | - | - | - | 1 | 1 | 1 | 2 | 8 | 8 | 11 | 8 | 10 | 12 | 15 | 14 | 14 | 17 | 19 | 52 | 138 | 227 | 320 |
| Outros | 61 | 78 | 90 | 105 | 117 | 125 | 140 | 170 | 209 | 160 | 368 | 442 | 458 | 517 | 640 | 750 | 871 | 983 | 1.097 | 1.245 | 1.395 | 1.558 | 1.615 | 1.677 | 1.652 |

Fonte: MTE/RAIS (elaboração própria)

empregos. A despeito disso, os postos de trabalho terceirizados cresceram significativamente, ocupando mais empregados formais de maior escolaridade e em empresas com menor quantidade de ocupados.

## 6.2. Relações de trabalho na terceirização

As relações de trabalho no Brasil apresentaram três movimentos distintos desde a transição do regime autoritário para a democracia, iniciada no fim da década de 1970. Até o fim dos anos 1980, o primeiro movimento geral mais tenso das relações de trabalho foi movido pelos contextos político (redemocratização nacional) e econômico (alta taxa de inflação).

Na década de 1990, o segundo movimento das relações de trabalho expressou o conjunto das políticas neoliberais determinadas pela privatização, desregulamentação dos direitos sociais e trabalhistas e degradação das condições gerais de vida e trabalho. Diversas modalidades de contratação foram implementadas, sem que se conseguisse reverter o horizonte de expansão do desemprego e da geração de postos de trabalho precários.

No caso dos trabalhadores contratados em empresas de terceirização, suas relações de trabalho não seguiram os mesmos movimentos gerais observados no Brasil – pelo contrário, pois o vigor do emprego de trabalhadores terceirizados se deu fundamentalmente dos anos 1990, com estruturação dos sindicatos, aumento dos filiados e realização dos primeiros acordos coletivos de trabalho com as empresas de terceirização.

Mesmo se tratando de empregos de remuneração inferior ao dos trabalhadores não terceirizados, a expansão das ocupações possibilitou a formalização de ocupações à margem da legislação social e trabalhista, o que pode ser observado sobretudo pela expansão dos estabelecimentos terceirizados de até 49 empregados formais no estado de São Paulo. Para as empresas desse perfil, multiplicou-se por 44,6 vezes seu contingente numérico entre 1985 e 2010. (Ver Figura 6.11.)

Figura 6.11 – São Paulo: evolução do tamanho dos estabelecimentos de terceirização segundo número de empregados

| | 1985 | 1986 | 1987 | 1988 | 1989 | 1990 | 1991 | 1992 | 1993 | 1994 | 1995 | 1996 | 1997 | 1998 | 1999 | 2000 | 2001 | 2002 | 2003 | 2004 | 2005 | 2006 | 2007 | 2008 | 2009 |
|---|---|---|---|---|---|---|---|---|---|---|---|---|---|---|---|---|---|---|---|---|---|---|---|---|---|
| até 49 | 64 | 77 | 103 | 122 | 135 | 149 | 180 | 205 | 246 | 291 | 390 | 487 | 643 | 787 | 916 | 1.152 | 1.393 | 1.651 | 1.849 | 2.009 | 2.259 | 2.476 | 2.608 | 2.859 | 2.857 |
| 50 a 249 | 28 | 35 | 33 | 43 | 46 | 53 | 55 | 71 | 86 | 123 | 152 | 199 | 248 | 301 | 384 | 457 | 539 | 611 | 703 | 793 | 834 | 888 | 974 | 1.011 | 1.040 |
| 250 a 499 | 25 | 26 | 33 | 36 | 42 | 35 | 41 | 43 | 48 | 62 | 65 | 91 | 104 | 116 | 156 | 192 | 206 | 246 | 279 | 333 | 372 | 422 | 462 | 445 | 502 |

Fonte: MTE/Rais (elaboração própria)

Em grande medida, a expansão das empresas terceirizadas com menor quantidade de empregados foi estimulada pela evolução dos estabelecimentos sem a presença de um empregado sequer – isso com base na evolução do comportamento da taxa de inflação, uma vez que, até 1994, a presença de empresas sem empregados era residual. (Ver Figura 6.12.)

Somente em 1995 a quantidade de empresas com empregados formais terceirizados cresceu 18,6 vezes. E, de 1995 até 2010, o aumento no número de empresas terceirizadas foi de 2,6 vezes.

Com relação à evolução entre o total de empresas abertas no distrito e os trabalhadores terceirizados, observa-se a expansão visual superior dos estabelecimentos terceirizados desde 1995. No final da década de 2000, as empresas de terceirização voltaram a crescer de forma um pouco mais rápida do que os estabelecimentos sem empregados.(Ver Figura 6.13.)

Figura 6.12 – São Paulo: evolução dos estabelecimentos de terceirização sem empregado

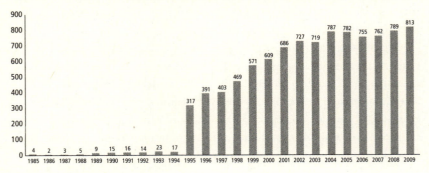

Fonte: MTE/Rais (elaboração própria)

Figura 6.13 – São Paulo: evolução dos estabelecimentos de terceirização sem empregado

Fonte: MTE/Rais (elaboração própria)

Em 1985, por exemplo, o estado de São Paulo registrou que, para cada grupo de trinta empresas de terceirização, havia um estabelecimento sem empregado formal. No ano de 2010, a cada grupo de seis empresas, havia um estabelecimento sem empregado formal.

A existência crescente de empresas sem ou com poucos empregados dificulta o avanço das relações de trabalho observado nos estabelecimentos de maior quantidade de trabalhadores não somente porque a presença do sindicato tende a ser menor, mas também porque a fiscalização do cumprimento da legislação social e trabalhista torna-se mais difícil.

Além disso, há de se destacar também que o emprego de mão de obra pelas empresas de terceirização está submetido a forte rotatividade. No ano de 2010, por exemplo, a taxa de rotatividade da mão de obra terceirizada no estado de São Paulo foi de 63,6%, enquanto em 1985 era de 50,5%. Em outras palavras, as empresas terceirizadas tendem a romper o contrato de trabalho com praticamente todos os seus trabalhadores num período inferior a dois anos. (Ver Figura 6.14.)

Figura 6.14 – São Paulo: evolução da taxa de rotatividade dos empregados em estabelecimentos de terceirização*

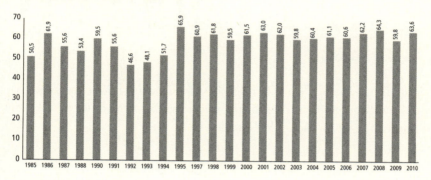

Fonte: MTE/Rais (elaboração própria)
* O dado referente a 1989 não está disponível.

Nesse quadro de frequente mudança contratual, a possibilidade de se estabelecerem relações de trabalho estáveis torna-se mais difícil. Ao mesmo tempo, a oportunidade de ação sindical articulada no local de trabalho torna-se mais complexa.

A despeito disso, a taxa de sindicalização dos trabalhadores terceirizados apresentou elevação importante. Ente 1993 e 2010, por exemplo, constata-se uma crescente elevação na taxa de sindicalização. Em 1993, o primeiro ano de funcionamento do sindicato de representação dos trabalhadores terceirizados no estado de São Paulo, a taxa de sindicalização era simbólica: apenas 0,2% dos ocupados. Dez anos depois, essa taxa alcançava quase 20% do total dos ocupados terceirizados. Em 2010, um em cada três trabalhadores terceirizados estava filiado a algum sindicato laboral. (Ver Figura 6.15.)

Em comparação com a evolução da sindicalização nacional, percebe-se um avanço inegável para os trabalhadores terceirizados, especialmente no

122  *Nova classe média?*

Figura 6.15 – São Paulo: evolução da taxa de sindicalização dos empregados em empresas de terceirização (em %)

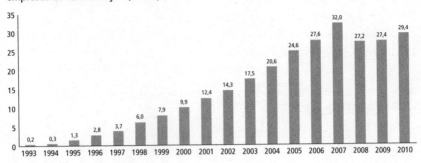

Fonte: Sindeepres (elaboração própria)

caso de São Paulo. Diante da relativa estabilidade na taxa de sindicalização dos trabalhadores brasileiros, ocorreu uma rápida ascensão dos filiados em empresas de terceirização. (Ver Figura 6.16.)

Figura 6.16 – Evolução da taxa de sindicalização dos empregados no Brasil e em empresas de terceirização em São Paulo (em %)

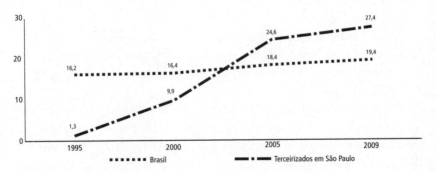

Fonte: IBGE/PNAD e Sindeepres (elaboração própria)

As transformações na estrutura social brasileira a partir da primeira década de 2000 apontam para a importância da inflexão das políticas públicas, especialmente aquelas associadas à distribuição da renda como motivadoras da aceleração do crescimento do emprego. A ampla geração de postos de trabalho assalariados formais terminou por afirmar a mobilidade social na base da estratificação social brasileira, sobretudo com o impulso dos aumentos reais do salário mínimo.

Tendo o setor de serviços como principal fonte geradora de novas ocupações, compreende-se a reconfiguração de parte significativa da classe trabalhadora. Ou seja, a força dos novos segmentos da classe trabalhadora na base da pirâmide social brasileira nos impede de a identificarmos como uma nova classe social, muito menos como classe média no país.

# REFERÊNCIAS BIBLIOGRÁFICAS

ACCORNERO, A. *Era il secolo del lavoro.* Bolonha, Il Mulino, 1997.
ALBAN, M. *Crescimento sem emprego.* Salvador, Casa de Qualidade, 1999.
ALVES, G. *O novo (e precário) mundo do trabalho.* São Paulo, Boitempo, 2000.
AMORIM, R. et al. *Atlas da nova estratificação social no Brasil.* São Paulo, Cortez, 2008. 3 v.
AMORIM. R.; POCHMANN, M. *Atlas da exclusão social no Brasil.* São Paulo, Cortez, 2003.
ANTUNES, R. *Os sentidos do trabalho.* São Paulo, Boitempo, 1999.
ANTUNES, R. (org.) *Riqueza e miséria do trabalho no Brasil.* São Paulo, Boitempo, 2006.
ARTHUIS, J. *Délocalisations et l'emploi.* Paris: E. O., 1993.
AYRES, R. *The New Industrial Revolution.* Nova York, Balbuguer, 1984.
BALTAR, P. Estagnação da economia, abertura e crise do emprego urbano no Brasil. *Economia e Sociedade,* n. 6, jun. 1996.
BALTAR, P.; HENRIQUE, W. Emprego e renda na crise contemporânea no Brasil. In: OLIVEIRA, C. et al. (orgs). *O mundo do trabalho.* São Paulo, Scritta, 1994.
BARBOSA, A. *A formação do mercado de trabalho no Brasil: da escravidão ao assalariamento.* Campinas, IE/Unicamp, 2003.
_____. *A formação do mercado de trabalho no Brasil.* São Paulo, Alameda, 2008.
BARBOSA DE OLIVEIRA, C. Formação do mercado de trabalho no Brasil. In: OLIVEIRA, M. (org.) *Economia e trabalho.* Campinas, IE/Unicamp, 1998.
BARCENA, A.; SERRA, N. *Classes medias y desarrollo en América Latina.* Santiago, Cepas, 2010.
BLAU, P.; DUNCAN, O. *The American Occupational Structure.* Nova York, J. W., 1967.
BOISSONNAT, J. *Horizontes do trabalho e do emprego.* São Paulo, LTr, 1998.
BRESSER PEREIRA, L. *Tecnocracia e contestação.* Petrópolis, Vozes, 1972.
CACCIAMALI, M. Mudanças recentes no produto e no emprego. *RBE,* 45 (2). Rio de Janeiro, Fundação Getulio Vargas, 1991.
CACCIAMALI, M. et al. Crescimento econômico e geração de emprego. *Revista Planejamento e políticas públicas.* Brasília, Ipea, n. 12, 1995.
CAMPOS, A. et al. *Atlas da exclusão social no Brasil.* São Paulo, Cortez, 2003, v. II.
CAMPOS, A. et al. *Os ricos no Brasil.* São Paulo, Cortez, 2004.
CARDOSO, A. *Trabalhar, verbo transitivo.* Rio de Janeiro, Fundação Getulio Vargas, 2000.
CARONE, E. *A República Velha: instituições e classes sociais.* São Paulo, Difel, 1972.
CASTELLS, M. *La era de la información.* Madri, Alianza, 1996.

CHAHAD, J.; PICHETTI, P. (orgs.), *Mercado de trabalho no Brasil.* São Paulo, LTr, 2003.
COCCO, G. *Trabalho e cidadania.* São Paulo, Cortez, 2000.
DIEESE, *A situação do trabalho no Brasil.* São Paulo: Dieese, 2001.
DUPAS, G. *Economia global e exclusão social.* Rio de Janeiro, Paz e Terra, 1999.
EHRENREICH, B. *O medo da queda: ascensão e crise da classe média.* São Paulo, Scritta, 1989.
FLUITMAN, F. *Training for Work in the Informal* Sector. Genebra, Organização Internacional do Trabalho, 1989.
FRAGOSO, J. *Homens de grossa aventura: acumulação e hierarquia na praça mercantil do Rio de Janeiro (1790-1830).* Rio de Janeiro, Arquivo Nacional, 1992.
FRAGOSO, J.; FLORENTINO, M. *O arcaísmo como projeto.* Rio de Janeiro, Diadorim, 1993.
FREEMAN, R. et al. *Emerging Labor Market Institutions for the Twenty-First Century.*Chicago: UCP, 2007.
FREIRE, G. *Casa-grande e senzala.* Rio de Janeiro, José Olympio, 1976.
FRIEDEN, J. *Capitalismo global.* Barcelona, Crítica, 2007.
FROEBEL, F. et al. *The New International Division of Labour.* Cambridge, Cambridge University Press, 1980.
FURTADO, C. *Desarrollo y subdesarrollo.* Buenos Aires, Eudeba, 1965.
_____. *Formação econômica do Brasil.* São Paulo, Companhia Editora Nacional, 1977.
GORZ, A. *Metamorfoses do trabalho.* São Paulo, Annablume, 2003.
GUERRA, A. et al. *Classe média: desenvolvimento e crise.* São Paulo, Cortez, 2006.
GUERRA, A. et al. (2007) *Trabalhadores urbanos: ocupação e queda na renda.* São Paulo, Cortez, 2007.
HENRIQUES, R. *Desigualdade e pobreza no Brasil.* Rio de Janeiro, Ipea, 2000.
HERZ, Jennifer Gardner Drane. Working and poor. *Monthly Labor Review*, dezembro de 1992.
HOBSBAWM, E. J. *Os trabalhadores.* Rio de Janeiro, Jorge Zahar, 1981.
IPEA. *Comunicado Ipea.* Brasília, n. 38, 2009.
_____. *Comunicado Ipea.* Brasília, n. 41, 2009.
_____. *Comunicado Ipea.* Brasília, n. 98, 2011.
_____. *Comunicado da Presidência.* Brasília, n. 19, 2009.
IPEA/Ministério do Trabalho e Emprego. *Mercado de Trabalho: conjuntura e análise* (vários números).
JAMES, P. et al. *Work of the Future.* Sidney, Allen & Unwin, 1997.
KAZIS, R.; MILLER, M. *Low-Wage Workers.* Washington D. C., UIP, 2001.
KREIN, J. *O aprofundamento da flexibilização das relações de trabalho no Brasil dos anos 90.* Campinas, IE/Unicamp, 2001.
LAMOUNIER, B.; SOUZA, A. *A classe média brasileira.* Rio de Janeiro, Campus, 2010.
LIPIETZ, A. *Miragens e milagres.* São Paulo, Nobel, 1988.
MARCELINO, P. *A logística da precarização.* São Paulo, Expressão Popular, 2004.
MARTINS, C. *Tecnocracia e capitalismo.* São Paulo, Brasiliense, 1974.
MARX, K. *O capital.* São Paulo, Abril, 1983.
MASI, D. *O futuro do trabalho.* Rio de Janeiro, José Olympio, 1999.
MATTOS, F. *Flexibilização do trabalho: sintomas da crise.* São Paulo: Annablume/Fapesp, 2009.
MATTOSO, J.; POCHMANN, M. Globalização, concorrência e trabalho. *Cadernos Cesit.* Campinas, IE/Cesit, n. 17, 1995 (mimeo).
_____. Mudanças estruturais e trabalho no Brasil. *Economia e Sociedade*, n. 10, jun. 1998.
MÉDA, D. *El trabajo.* Barcelona, Gedisa, 1998.
MELLO, João Manuel Cardoso de. *Capitalismo tardio.* São Paulo, Brasiliense, 1981.
MELLO, João Manuel Cardoso de; NOVAIS, F. *Capitalismo tardio e sociabilidade moderna.* São Paulo, Unesp/Facamp, 2009.
MOREIRA, M.; NAJBERG, S. O impacto da abertura comercial sobre o emprego. In: MOREIRA, M.; GIAMBIAGI, F. (orgs.) *A economia brasileira nos anos 90.* Rio de Janeiro, BNDES, 1999.

NEFFA, J. *El trabajo humano*. Buenos Aires, Lumen, 2003.
NEGRI, A. *Il lavoro nel novecento*. Milão, A. Mondadori, 1989.
NERI, M. *A nova classe média*. Rio de Janeiro, Fundação Getulio Vargas, 2010.
NOVAIS, F. *História da vida privada no Brasil*. São Paulo, Companhia das Letras, 1998.
NUNES, S. *Decálogo da classe média*. 2. ed., São Paulo, Altana, 2008.
OCDE. *Perspectives économiques de l'Amérique Latine 2011*: une région de classes moyennes? Paris, OCDE, 2011.
OFFE, C. *Capitalismo dês organizado: transformação do trabalho e da política*. São Paulo, Brasiliense, 1989a.
_____. *Trabalho e sociedade*. Rio de Janeiro, Tempo Brasileiro, 1989b.
OLIVEIRA, C.; MATTOSO, J. *Crise e trabalho no Brasil*. São Paulo, Scritta, 1996.
OLIVEIRA, F. *Crítica à razão dualista/O ornitorrinco*. São Paulo, Boitempo, 2003.
PAOLI, M. *Desenvolvimento e marginalidade*. São Paulo, Pioneira, 1974.
PASTORE, J. *Flexibilização do mercado de trabalho e contratação coletiva*. São Paulo, LTr, 1994.
POCHMANN, M. *Políticas de garantia de renda no capitalismo em mudança*. São Paulo, LTr, 1995.
_____. *Trabalho sob fogo cruzado*. São Paulo, Contexto, 1999.
_____. *O emprego na globalização*. São Paulo, Boitempo, 2001.
_____. Novos e velhos tempos do trabalho. In: OLIVEIRA, R. (org.), *Novo momento para as comissões de emprego no Brasil?* São Paulo, A+ Comunicação, 2007.
_____. *A superterceirização do trabalho*. São Paulo, LTr, 2008a.
_____. *A superterceirização dos contratos de trabalho*. São Paulo, LTr, 2008b.
_____. *O emprego no desenvolvimento da nação*. São Paulo, Boitempo, 2008c.
_____. What Brazil Learned from Flexibilization in the 1990's. In: *International Labour Review*, OIT, v. 148 (3), set. 2009.
_____. *Desenvolvimento e perspectivas novas para o Brasil*. São Paulo, Cortez, 2010.
PORTTIER, C. La division internationale du travail. In: KERGOAT, J. et al. (orgs.), *Le monde du travail*. Paris, La Découverte, 1998.
PRADO JÚNIOR, C. *História econômica do Brasil*. 22. ed. São Paulo, Brasiliense, 1979.
PRONI, M.; HENRIQUE, W. *Trabalho, mercado e sociedade: o Brasil nos anos 90*. Campinas/São Paulo, IE/Unesp, 2003.
QUADROS, W. *Perfil social do desemprego recente*. TD. 156. Campinas, IE/Unicamp, 2009.
RAMOS, L. et al. *Emprego no Brasil nos anos 90*. Brasília: Ipea (TD, 468), 1997.
REICH, R. *The Work of Nations*. Nova York: Random House, 1992.
SABOIA, J. *Geração do emprego industrial nas capitais e interior do Brasil*. Brasília, Senai, 2005.
SADER, E. *Quando novos personagens entram em cena*. 2. ed. São Paulo, Paz e Terra, 1998.
SANTOS, A. Encargos sociais e custo do trabalho no Brasil. In: OLIVEIRA, C. A. B.; MATTOSO, J. *Crise e trabalho no Brasil*. São Paulo, Scritta, 1996.
SDTS. *Desafios do emprego no Brasil*. São Paulo, PMSP/SDTS, 2004.
SENNETT, R. *A corrosão do caráter*. São Paulo, Record, 1999.
SINGER, P. *A economia solidária no Brasil*. São Paulo, Contexto, 2000.
SMITH, A. *A riqueza das nações*. São Paulo, Abril, 1983.
SOUZA, J. *Os batalhadores brasileiros*. Belo Horizonte, Editora UFMG, 2010.
SOUZA, P. R. *Emprego, salários e pobreza*. São Paulo, Hucitec/Funcamp, 1980.
TILLY, C.; TILLY, C. *Work Under Capitalism*. Boulder, Westview, 1998.
URANI, A. Crescimento e geração de emprego e renda no Brasil. In: *Lua Nova*. São Paulo, Cendec, n. 35, 1995.
VIANNA, F. Introdução. In: *Recenseamento do Brazil*. Rio de Janeiro, Ministério da Agricultura, Indústria e Comércio, 1922.

Esse livro foi composto em Adobe Garamond,
corpo 10,5/13,6, e reimpresso em papel Norbrite
66,6 g/m² na Corprint Gráfica e Editora para a
Boitempo Editorial, em fevereiro de 2014, com
tiragem de 2.000 exemplares.